U0568790

中国古代船舶

王俊 编著

中国商业出版社

图书在版编目（CIP）数据

中国古代船舶/王俊编著. -- 北京：中国商业出版社，2015.6
ISBN 978-7-5044-8622-6

Ⅰ.①中… Ⅱ.①王… Ⅲ.①船舶-介绍-中国-古代 Ⅳ.①U66-092

中国版本图书馆 CIP 数据核字（2015）第 117673 号

责任编辑：刘洪涛

中国商业出版社出版发行
010-63180647　　www.c-cbook.com
（100053 北京广安门内报国寺 1 号）
新华书店总店北京发行所经销
北京飞达印刷有限责任公司

＊

710×1000 毫米　16 开　12.5 印张　200 千字
2015 年 8 月第 1 版　2015 年 8 月第 1 次印刷
定价：25.00 元

＊＊＊＊

（如有印装质量问题可更换）

《中国传统民俗文化》编委

主　编　傅璇琮　著名学者，原国务院古籍整理出版规划小组秘书长，清华大学古典文献研究中心主任教授，原中华书局总编辑

顾　问　蔡尚思　著名历史学家，中国思想史研究专家
　　　　　卢燕新　南开大学文学院副教授
　　　　　王永波　四川省社会科学院文学研究所副研究员
　　　　　叶　舟　中国思维科学研究院院长，清华大学、北京大学特聘教授
　　　　　于春芳　北京第二外国语学院教授
　　　　　杨玲玲　西班牙文化大学文化与教育学博士

编　委　陈鑫海　首都师范大学中文系博士
　　　　　李　敏　北京语言大学古汉语古代文学博士
　　　　　赵　芳　出版社高级编辑，曾编辑出版过多部文化类图书
　　　　　韩　霞　山东教育基金会理事，作家
　　　　　陈　娇　山东大学哲学系讲师
　　　　　吴军辉　河北大学历史系讲师
　　　　　石雨祺　出版社高级编辑，曾编辑出版过多部历史类图书
　　　　　王　欣　全国特级教师

策划及副主编　王　俊

序 言

　　中国是举世闻名的文明古国,在漫长的历史发展过程中,勤劳智慧的中国人,创造了丰富多彩、绚丽多姿的文化,可以说人创造了文化,文化创造了人,这些经过锤炼和沉淀的古代传统文化,凝聚着华夏各族人民的性格、精神、智慧,是中华民族相互认同的标志和纽带。在人类文化的百花园中摇曳生姿,展现着自己独特的风采,对人类文化的多样性发展做出了巨大贡献。中国传统民俗文化内容广博,风格独特,深深地吸引着世界人民的眼光。

　　正因如此,我们必须深入学习贯彻十八届三中全会精神,按照中央的规定,加强文化建设。2006年5月,时任浙江省委书记的习近平同志就已提出:"文化通过传承为社会进步发挥基础作用,文化会促进或制约经济乃至整个社会的发展。"又说:"文化的力量最终可以转化为物质的力量,文化的软实力最终可以转化为经济的硬实力"(《浙江文化研究工程成果文库总序》)。今年他去山东考察时,又再次强调:中华民族伟大复兴,需要以中华文化发展繁荣为条件。

　　学习习近平同志的重要讲话,确可体会到,在政治、经济、军事、社会和自然要素之中,文化是协调各个要素协同发展、相关耦合的关健。正因为此,我们应该对华夏民族文化进行广阔、全面的检视。我们应该唤醒我们民族的集体记忆,复兴我们民族的伟大精神,发展和繁荣中华民族的优秀文化,为我们民族在强国之路上阔步前行创设先决条件。

实现民族文化的复兴,更必须传承中华文化的优秀传统。现代中国人,特别是年轻人,对传统文化十分感兴趣,蕴含感情。但当下也有人对具体典籍、历史事实不甚了解,比如说,中国是书法大国,谈起书法,有些人或许只知道些书法大家如王羲之、柳公权等等的名字,知道《兰亭集序》是千古书法珍品,仅此而已。再比如说,我们都知道中国是闻名于世的瓷器大国,中国的瓷器令西方人叹为观止,中国也因此而获得了"瓷器之国"(英语 china 的另一义即为瓷器)的美誉。然而关于瓷器的由来、形制的演变、纹饰的演化、烧制等等瓷器文化的内涵,就知之甚少了。中国还是武术大国,然而国人的武术知识,或许更多地来源于一部部精彩的武侠影视作品,对于真正的武术文化,我们也难以窥其堂奥了。我们还是崇尚玉文化的国度,我们的祖先,发现了这种"温润而有光泽的美石",并赋予了这种冰冷的自然物以鲜活的生命力和文化性格,例如"君子当温润如玉"、女子应"冰清玉洁"、"守身如玉";"玉有五德",即"仁"、"义"、"智"、"勇"、"洁",等等。今天,熟悉这些玉文化的内涵的国人,也为数不多了。

也许正有鉴于此,有忧于此,近年来,已有不少有志之士,开始了复兴中国传统文化的努力,读经热开始风靡海峡两岸,不少孩童乃至成人,开始重拾经典,在故纸旧书中品味古人的智慧,发现古文化历久弥新的魅力。电视讲坛里一波又一波对古文化的讲述,也吸引着数以万计的人们,重新审视古文化的价值。现在放在读者眼前的这套"中国传统民俗文化丛书",也是这一努力的又一体现。我们现在确应注重研究成果的学术价值和应用价值,充分发挥其认识世界、传承文化、创新理论、咨政育人的重要作用。

中国的传统文化内容博大,体系庞杂,该如何下手,如何呈现?这套丛书处理得可谓系统性强,别具心思。编者分别按物质文化、制度文化、精神文化等方面来分门别类地进行组织编写,例如在物质文化的层面,就有中国古代纺织、中国古代酒具、中国古代农具、中国古代青铜器、中国古代钱币、中国古代石刻、中国古代木雕、中国古代建筑、中国古代砖瓦、中国古代玉器、中国古代陶器、中国古代漆器、中国古代桥梁等等。

在精神文化的层面,就有中国古代书法、中国古代绘画、中国古代音乐、中国古代艺术、中国古代篆刻、中国古代家训、中国古代戏曲、中国古代版画等等;在制度文化的层面,就有中国古代科举、中国古代官制、中国古代教育、中国古代军队、中国古代法律等等。

此外,在历史的发展长河中,中国各行各业还涌现出一大批杰出的人物,至今闪耀着夺目的光辉,启迪后人,示范来者,对此,这套丛书也给予了应有的重视,中国古代名将、中国古代名相、中国古代名帝、中国古代文人、中国古代高僧等等,就是这方面的体现。

生活在21世纪的我们,或许对古人的生活颇感好奇,他们的吃穿住用如何?他们如何过节?如何安排婚丧嫁娶?如何交通?孩子如何玩耍?等等。这些饶有兴趣的内容,这套中国传统民俗文化丛书,都有所涉猎,例如中国古代婚姻、中国古代丧葬、中国古代节日、中国古代风俗、中国古代礼仪、中国古代饮食、中国古代交通、中国古代家具、中国古代玩具、中国古代鞋帽等等,这些书籍介绍的,都是人们深感兴趣,平时却无从知晓的内容。

在经济生活的层面,这套丛书安排了中国古代农业、中国古代纺织、中国古代经济、中国古代贸易、中国古代水利、中国古代车马、中国古代赋税等等内容,足以勾勒出古人经济生活的主要内容,让今人得以窥见自己祖先曾经的经济生活情状。

在物质遗存方面,这套丛书则选择了中国古镇、中国古楼、中国古寺、中国古陵墓、中国古塔、中国古战场、中国古村落、中国古街、中国古代宫殿、中国古代城墙、中国古关等内容。相信读罢这些书,喜欢中国古代物质遗存的读者,已经能大致掌握这一领域的大多数知识了。

除了上述内容外,其实还有很多难以归类却饶有兴趣的内容,例如中国古代的乞丐这样的社会史内容,也许有助于我们深入了解这些古代社会底层民众的真实生活情状,走出武侠小说家们加诸他们身上的虚幻不实的丐帮色彩,还原他们的本来面目,加深我们对历史真实的了解。继承和发扬中华民族几千年创造的的优秀文化和民族精神是我们责无旁贷的历史责任。

不难看出,单就内容所涵盖的范围广度来说,有物质遗产,有非物质遗产,还有国粹。这套丛书无疑当得起"中国传统文化的百科全书"的美誉了。这套书还邀约了大批相关的专家、教授参与并指导了稿件的编写工作。应当指出的是,这套书在写作中,既钩稽、爬梳大量古代文化文献典籍,又参照近人与今人的研究成果,将宏观把握与微观考察相结合。在论述、阐释中,既注意重点突出,又着重于论证层次清晰,从多角度、多层面对文化现象与发展加以考察。这套丛书的出版,有助于我们走进古人的世界,了解他们的美好生活,去回望我们来时的路。学史使人明智。历史的回眸,有助于我们汲取古人的智慧,借历史的明灯,照亮未来的路,为我们中华民族的伟大崛起添砖加瓦。

是为序。

2014 年 2 月 8 日

前　言

　　人类文明的重要进步表现之一便是船舶的发明。它使人类的活动空间得以迅速拓展，江河湖海都可以见到人的踪迹。随着历史的发展，舟船的类型与技术也有了长足的发展。从类型上来说，舟船种类繁多，千姿百态，功能不一，有渔船、农船、海船、货船、渡船、游船、客船、战船等；从技术上来说，从原始的独木舟、舢板直到现代的轮船及战舰，舟船技术得到了飞速的发展，今天我国的大型海船可以在任何海域自由地航行。

　　满足人们的生产和生活所需是上古时期舟船的主要功用，但随着历史的发展、舟船规模的扩大及航行技术的发展，舟船的功用不再仅仅局限于满足人们直接的物质需要，而具有了精神象征的意义，打上了人类阶级的烙印，成为人们地位、身份的一个重要表现形式。舟船已不仅仅是一种物质的载体，还是一种精神的寄寓，是诗人词家借以表达或失意或得意或悲伤或快乐等情感的一种精神象征，寓意深远，内涵丰富。

　　舟船对生活在水域地区的人们有着十分重要的意义，它不仅是水上承载工具，也是重要的生产工具。在长期与水及舟船打交道中，人们逐步形成了一些水域地区特色的习俗。如各地都有形式多样、内容丰富的各种歌谣熟语，如船谣、渔歌、船工号子、船谚、行话等。还有我国水神信仰在水域地区也有广泛的群众基础，如四渎神信仰、海神信仰及湖神信仰等。

　　船帮是船民或渔民为维持水上秩序而自发或被迫形成的团体。

船帮有自己的帮规俗约，对帮内的成员具有一定的束缚与规范作用，且能从事大规模的运输活动，因而是社会发展进化的表现。但亦有很多副作用，因为很多船帮都被封建把头控制，往往对船民或渔民盘剥较重，对外来船只具有排斥作用等。在我国历史上还有一个特殊的船帮组织，那就是漕运帮会，它是一定历史条件的产物。由于漕运的淤塞，大量漕夫水手的失业，所以他们依托罗教建立漕帮，进行各种烧杀抢掠的作恶活动，其历史作用也由推动大运河沿岸经济发展的重要力量变成了危及社会稳定的破坏力量。

　　在古代，我国的舟船尤其是战船的制造技术发展十分迅速，无论是船体规模、造型，还是航行技术方面都达到了当时世界的先进水平。诸如减摇龙骨、水密舱、平衡舵、车轮舟、船坞等，无不展示出我国古代造船技术的发达。在航海技术上，我国古代的逆风调戗术、过洋牵星术、指南针、多桅帆技术等也都远远领先于世界各国，是其他国家所望尘莫及的。可以说，郑和下西洋是古代中国航海技术的一次大检阅，把各项先进航海技术推进到顶峰，开拓了古代中国航海史的一个时代。

　　然而，发展到近代，由于实行闭关锁国的政策，中国舟船技术开始逐步落后于欧美各国。在这种时势下，中国的传统木船航运业逐步走向凋敝，而国内一些有识之士也开始了创建民族轮船公司的尝试，上海的轮船招商局是我国最早也是最有影响的民族轮船公司。从此，我国的近代航运业开始了一段可歌可泣的创业史，虽然受到欧美各国航运公司的极大钳制，但在缝隙之中民族航运业不屈不挠，顽强拼搏，也一度取得了较大的发展。

　　本书通过回顾中国的船舶发展演进史，总结了古代先进的造船、用船、行船技术，介绍了各地独具特色的船业习俗风尚，完整地再现了一幅中国古代船舶扬帆远航、驰骋水面的巨幅画卷。

目录

第一章　船舶发展简史

第一节　舟船出现以前的原始渡水工具 …………… 2
远古时期的浮具 …………………………………… 2
腰舟：绑在身上的浮具 …………………………… 2
皮囊：远古时代的游泳圈 ………………………… 3

第二节　船舶的产生 ……………………………… 6
新石器时代独木舟的出现 ………………………… 6
船舶制造工具——有段石锛的出现 ……………… 7
木桨的出现 ………………………………………… 8
与木板船有关的甲骨文字 ………………………… 9

第三节　船舶的发展与演变 ……………………… 10
中国船舶发展简史 ………………………………… 11
木帆船的发展与演变 ……………………………… 13
机器船的发展与演变 ……………………………… 16

第四节　近代造船与航运业的衰落 ……………… 18
影响造船和航海事业的因素 ……………………… 18
明朝以后我国造船和航海落后的原因 …………… 19
历尽沧桑谱新篇 …………………………………… 22

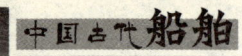

第二章 船舶的类型与行驶工具

第一节 船舶的类型 …………………………… 26

筏：最简易的船舶雏形 …………………………… 26

独木舟：一根横木水上漂 …………………………… 27

舢板：无甲板小船 …………………………… 28

画舫：浆声灯影秦淮河 …………………………… 29

客船 …………………………… 31

渔船 …………………………… 32

农船 …………………………… 33

货船 …………………………… 33

渡船 …………………………… 34

海船 …………………………… 35

战船 …………………………… 36

第二节 船舶推进工具 …………………………… 40

篙：最早最简便的推进工具 …………………………… 40

桨：最实用的划水工具 …………………………… 40

橹：键橹飞如插羽翰 …………………………… 41

帆：孤帆远影碧空尽 …………………………… 42

桅：张帆驭风 …………………………… 47

舵：大海航行靠舵手 …………………………… 47

披水板和中插板 …………………………… 51

第三节 船舶停泊工具 …………………………… 52

系石为碇 …………………………… 53

木爪石碇 …………………………… 53

双爪木碇 …………………………… 54

多爪铁锚 …………………………… 55

第三章 古代造船技术

第一节 古代造船技术演进简史 ······ 58
先秦时的船舶制造 ······ 58
秦汉时期的造船技术 ······ 58
隋代的船舶建造 ······ 60
唐宋时期的造船业 ······ 61
元代的造船业 ······ 65
明代造船业 ······ 67
清代的国内造船与海外造船 ······ 70

第二节 影响深远的造船技术 ······ 71
减摇龙骨 ······ 71
水密舱 ······ 72
平衡舵 ······ 73
车轮舟 ······ 73
船坞 ······ 74

第四章 古代漕运与航海活动

第一节 古代漕运的发展 ······ 78
古代漕运发展简史 ······ 78
春秋战国时期的内河航运 ······ 79
秦代的漕运活动 ······ 80
汉代漕运 ······ 81
三国两晋南北朝漕运 ······ 82
隋唐漕运 ······ 83
宋代漕运 ······ 85
元代漕运 ······ 86

明代漕运 …………………………………………………………… 89

清代漕运 …………………………………………………………… 91

第二节 古代航海活动 …………………………………………… 92

中国古代航海简史 ………………………………………………… 93

夏代的航海活动 …………………………………………………… 94

商代的航海活动 …………………………………………………… 95

西周时期的航海活动 ……………………………………………… 97

春秋战国沿海航路与海上运输 …………………………………… 98

汉代航海活动 ……………………………………………………… 99

隋代海上交通的发展 ……………………………………………… 102

唐代广州通海夷道及海舶 ………………………………………… 103

宋朝的航海业 ……………………………………………………… 104

元代航海业 ………………………………………………………… 105

明代航海业 ………………………………………………………… 108

清代航海业 ………………………………………………………… 110

第三节 古港沧桑 ………………………………………………… 112

广州港 ……………………………………………………………… 112

扬州港 ……………………………………………………………… 113

明州港 ……………………………………………………………… 113

泉州港 ……………………………………………………………… 114

上海港 ……………………………………………………………… 116

第五章 古代航海知识与航海技术

第一节 历代航海科学的发展 …………………………………… 120

春秋战国航海科学的发展 ………………………………………… 120

夏商周航海科学的发展 …………………………………………… 121

秦汉航海科学的发展 ……………………………………………… 122

隋唐时期航海科学的发展 …………………………… 124
宋元时期航海科学的发展 …………………………… 125
明朝时期航海科学的发展 …………………………… 127
清朝航海科学的发展 ………………………………… 128

第二节 古代航海技术 ……………………………… 129
逆风调戗术 …………………………………………… 129
过洋牵星术 …………………………………………… 130
指南针 ………………………………………………… 132
多桅帆技术 …………………………………………… 134
其他航海技术 ………………………………………… 135

第六章 船业信仰与习俗

第一节 船神信仰与禁忌 …………………………… 138
四渎神信仰 …………………………………………… 138
海神信仰 ……………………………………………… 141
湖神信仰 ……………………………………………… 144
船业禁忌 ……………………………………………… 145

第二节 船业习俗 …………………………………… 149
造船习俗 ……………………………………………… 149
设置船灵魂的习俗 …………………………………… 151
海船两侧的船眼睛 …………………………………… 152

第七章 古代船舶文化

第一节 丰富多彩的船舶文化 ……………………… 156
独特而丰富的船文化 ………………………………… 156
船饰文化 ……………………………………………… 157

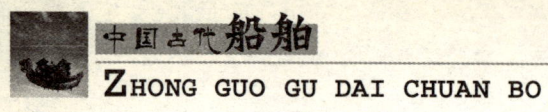

随风飘舞的船旗 160
独具文化意味的船联 162
船票与货单 164
船业行话 166
漕运谣谚 168
渔歌与船歌 169

第二节　龙舟文化 170

我国悠久的龙舟历史 170
龙舟的起源 171
源远流长的龙舟运动 172
赛龙舟的演变 174
赛龙舟的分类和用途 175
传统赛龙舟活动 178
我国少数民族的赛龙舟活动 180

参考书目 182

第一章

船舶发展简史

　　舟船是人类生产、生活的经验总结与智慧结晶。舟船的发明是人类文明的一大进步，它使人类的活动空间得以迅速拓展。在古代，我国造船技术发展迅速，尤其是战船，无论是在船体规模、造型，还是航行技术方面都达到了当时世界的先进水平。

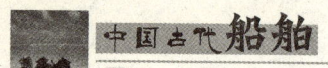

第一节
舟船出现以前的原始渡水工具

远古时期的浮具

远古先民在猎取食物以及与洪水搏斗中，时常会有溺毙于水中之事。当他们经常见到落叶、枯木等物体能漂浮在水面之上时，自然会对物体的漂浮现象逐渐有所感知。当他们多次利用浮力好的自然物体得以生存时，则更加深了对漂浮现象的感知。在为取得食物，或是对某一隔水相望的地方产生向往的时候，想必更能促使他们根据已有的漂浮于水面的认识，选择浮性力的自然物体作为泅渡工具。纵然是依靠一段枯木渡水，也是经过多次实践而取得的重大突破。

现在，燧人氏和伏羲氏已经成为神话传说的一部分，古书又很难令人信服地说明他们存在的确切年代。这些古书是借燧人、伏羲之名，示意所论时代的久远罢了。为此可以认为，这些远古先民在舟船尚未出现的很长一段时间里已能骑着一段木头或者抱着一个大葫芦作为渡水工具了。

由于原始的渡水工具易腐难存，所以还没有这方面的考古发现。但是，根据中国民族学学者的考察，在现代，一些民族地区仍在沿用着形形色色的原始浮具。这些浮具有利于我们对舟船产生的认识和研究。

腰舟：绑在身上的浮具

过河时把几个葫芦拴在腰间，称为腰舟。葫芦具有体轻、防湿性强、浮力大等特点，所以很早就被人类作为渡水工具使用。

中国古代称葫芦为瓠、匏、壶，后来又称壶芦、葫芦等等。在浙江余姚河姆渡新石器时代遗址曾发现有葫芦的种子，这证明中国早在7000年前就已开始栽培葫芦。

《易经》中有"包荒冯河"这句卜辞。包是匏的假借同义字，就是葫芦。荒是空虚的意思。冯河是指涉水渡河。"包荒冯河"就是抱着空心的葫芦渡河。葫芦这种浮具也许被沿用了一两万年之久。

葫芦做成的腰舟

《诗经》也有关于抱着葫芦过河的记载。《诗经·邶风·匏有苦叶》中说道："匏有苦叶，济有深涉。深则厉，浅则揭。"说的是，葫芦有枯黄的叶子，可以用来渡过深水。深水要漫过腰带，浅水只要提起衣裳就行了。在《国语·晋语》中说："夫苦匏不材，于人共济而矣。"其中"济"即"渡"，说的也是利用葫芦渡水。

《庄子·逍遥游》中说："今子有五石之瓠，何不虑以为大樽而浮乎江湖"。虑就是用绳缀结在一起。樽为酒器，缚之亦可自渡；由此可以看出，从单个葫芦进而把几个葫芦用绳连缀到一起，不仅浮力可成倍增加，而且双手可以解脱，用以划水。这可以说是原始浮具的一大进步。

这种腰舟的遗风，至今尚存在于一些少数民族地区中。中国云南省哀牢山下礼社江两岸的彝族同胞，当捕鱼或远出外地的时候，就在腰部拴上几个葫芦。这种腰舟在黄河流域也有踪迹可寻，例如在1949年前后，晋南黄河岸边的农民为了耕田就骑着两个葫芦往返于黄河两岸。

皮囊：远古时代的游泳圈

在人们从狩猎、采集进入到农耕和饲养牲畜阶段后，产生了用牲畜的皮革制成皮囊这种浮具。其做法是将整个皮革翻剥下来后，把颈部和三个蹄部的孔口系牢，留一个蹄孔作为充气孔道。用时，先把皮囊吹鼓，然后再扎紧充气孔，便可单独作为浮具了。

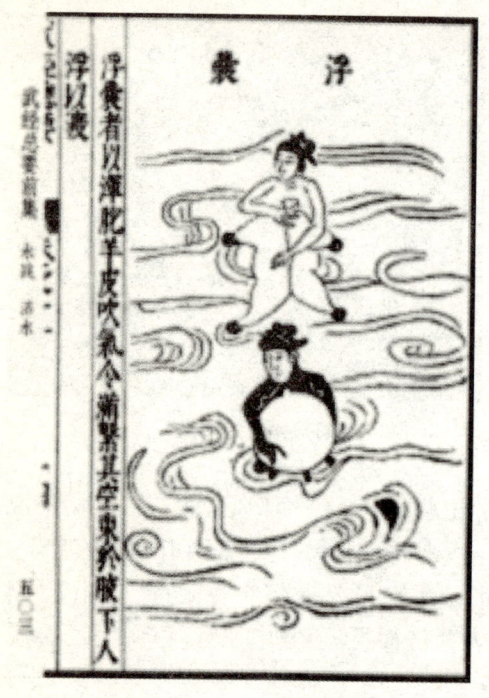

皮囊（采自《武经总要》）

因为皮囊是一种浮具，所以也称浮囊，它还有另外的名称叫"浑脱"。唐人李筌在《太白阴经》中记有："浮囊，以浑脱羊皮，吹气令满，系缚其孔，缚于腋下，可以渡也"。

这里的"浑脱羊皮"，原是指宰羊剥皮的一种方法。由于翻剥羊皮用作皮囊，久而久之，人们把皮囊也称作"浑脱"了。明代李开先在《塞上曲》中的诗句中写道："不用轻舟与短棹，浑脱飞渡只须臾。"这里的须臾，是指非常短的时间，或者说是片刻。

目前还难以考证皮囊出现的年代。如果断定为出现在有了饲养业以后，那当是进入新石器时代以后的事情了，但见于文字记载者却只有近2000年时间。在《后汉书·南匈奴列传》中，记有永平八年（公元65年）汉与匈奴的争斗中使用革船的事例。文曰："其年秋，北虏果遣二千骑候望朔方，作马革船，欲度迎南部畔（叛）者，以汉有备，乃引去"。在《后汉书·邓寇列传》中记有，章和二年（公元88年）护羌校尉邓训在青海贵德一带击迷唐时也曾使用过"缝革为船"，文曰："训乃发湟中六千人，令长史任尚将之，缝革为船，置于箄上以度河，掩击迷唐庐落大豪，多所斩获。"这里记述的"作马革船"和"缝革为船"，与皮囊相比较则是更为高级的浮具，可见皮囊早在公元初年之前就已经出现。至于"缝革为船，置于箄上"，说的就是皮筏了。

中国的黄河和长江上游是应用皮囊的主要地区。皮囊制作简单，应用时携带方便，更不怕浅水、激流和险滩。中国许多少数民族地区都有过使用皮囊的经历。这些少数民族是羌族、藏族、回族、蒙古族、彝族、纳西族、普米族等。唐代诗人白居易，在叙述少数民族弟兄由边陲到达国都长安时，有诗曰:"泛皮船兮渡绳桥,来自巂州道路遥"。巂州即四川省的越巂县,今改为越西县。迄今在中国的西北和西南的少数民族地区,仍有人使用皮囊。民族学家宋兆麟曾发表过近年普米族同胞使用皮囊的照片。据认为,皮囊以及皮筏是中国少数民族的一项发明。清人赵翼在其《陔馀丛考》中说:"以革为舟夜渡,是牛皮为船,由来久矣,皆出于番俗也"。

知识链接

专业特色船

　　专业特色船主要是指那些有特殊用途的船舶,当然一定意义上某些船舶亦可划入货船的行列。专业特色船包括舱中储酒供行人饮用的酒船,用于运输途中鲜货保鲜、冷藏、防腐用的冰船,洞庭湖水域供救援所用的救生船,长江三峡救生所用的红船,在浅滩地区易于航行的安徽槽子船,浙江长兴运输石灰的石灰船,用于春天解冻所用的北方破冰船,钱塘江沿岸沙地浅河地区的牛拖船,太湖流域用于运输碾米剩物的砻糠船等。

　　专业特色船大都是当地人们为适应本地的水情与航道情况,在长期演变中形成的。如钱塘江的牛拖船,因钱塘江沿岸很多地区的航道是沙地浅河,不适合吃水深的帆船或其他木船行驶,当地人们经过长期的实践,制造了一种艏艉方头的小型木船,并借助牛这种外在畜力做动力。牛拖船很小,长5~6米,最宽处约1米,深约0.5米。船体呈长方形,平底,适合在沙地滑行,船底坚固、底板厚实、耐磨性强。六艘船由两人组成一"档"共同操作,在船首的人牵引牛绳,掌握航向,在船尾的人防止在弯道上六艘船发生碰撞。若遇沙滩搁浅,可分解航行直至六艘船再次进入深水区。

第二节
船舶的产生

新石器时代独木舟的出现

大约在18000年以前,现在的各个大陆都已经有人类居住。我国柳江人、山顶洞人,便是这一阶段的代表,他们生活在旧石器时代的晚期。这时已经发明了人工取火,并且开始出现磨制石器。从这时再经过几千年,便进入到了新石器时代。

磨制石器和烧制陶器的出现是新石器时代的主要特征。摩尔根(1818—1881年)在其代表著作《古代社会》中写道:"燧石器和石器的出现早于陶器,发现这些石器的用途需要很长时间,它们给人类带来了独木舟和木制器皿,最后在建筑房屋方面带来了木材和木板"。恩格斯(1820—1895年)更进一步指出,在新石器时代,"火和石斧通常已使人能够制造独木舟,有的地方已经使人能够用木材和木板来建筑房屋了"。

新石器时代,约在10000年到4000年前,中间经历了6000年。在烧制陶器之前便已经具备了火和石斧这两个基本条件。独木舟出现的时间大约在10000年以前,最迟当不晚于8000年以前。

1921年,在河南渑池县仰韶村首次发现我国新石器时代的一处文化遗址。其生产工具以磨制石器为主,常见的有刀、斧、锛、凿等。骨器也相当精致。日用陶器以细泥红陶和夹砂红褐陶为主。红陶常有彩绘的几何图案,故也称彩陶文化。据C^{14}测定,其绝对年代在6500年以前。史学界推论,以黄帝为名的文化当是仰韶文化。从中国的考古学发现和研究成果看,早在6500年以前,中国就已经出现了独木舟。

第一章 船舶发展简史

在杭州萧山跨湖桥遗址现场，有一艘先用火烧再用石器刳制出的独木舟。由于经过长期使用，舟体的内表面被磨得很光滑，但是大面积被火烧的痕迹犹存。这一考古发现证实了恩格斯的关于"火和石斧通常已使人们能够制造独木舟"的论断。不过，对跨湖桥遗址来说，制造独木舟使用的是火和石锛。伴随着独木舟的出土，还发现有相当数量的石锛及与之相配套的木柄。这许多石锛的木柄大致可分成大、中、小号，由于经过长期使用，已经被磨得非常光滑，甚至可以被看成是精致的工艺品。在独木舟的近旁不仅有相当数量的木材，更有两把正在加工的木桨。令人惊叹的是，在离独木舟几米远的地方发现有一块编织物，其纹理的精细、编织的工整，甚至与现代人的工艺水平也相差无几。

浙江萧山跨湖桥遗址出土的独木舟，不仅在中国是惟一的，在世界范围也是罕见的。该书记载的独木舟存在于"2001、2002 年发掘区湖Ⅳ–湖Ⅰ层，年代距今 8200—7800 年"。这证明：中国的舟船文化发端于距今 8000 年以前。

船舶制造工具——有段石锛的出现

有段石锛用于刳削木构件、木器，是制作独木舟等木制物的复合工具。

河姆渡遗址是我国长江中下游和东南沿海地区最具代表性的新石器时代的文化遗址，在 1973 年被发现于浙江余姚罗江乡的河姆渡村。其出土文物之丰富，木构建筑遗迹规模之大，粗耕农业之发达，在所有新石器时代遗址中也是不多见的，经 C^{14} 测定，第 4 文化层距今近 7000 年。有段石锛即在河姆渡遗址中出土。

河姆渡地势低洼，海拔高度只有 3~4 米，北距杭州湾仅约 30 千米，目前的滨海平原史前期尚未成陆。早前的河姆渡离海岸很近，原始人可较方便地顺水东进或北上，向海洋进军。河姆渡遗址除出土大量淡水鱼遗骨外，还发现鲨鱼、鲸鱼及鲻鱼、裸顶鲷等海洋鱼类和海洋生物的遗骨，可见当

有段石锛

时的人们已经开始了海上捕捞。

河姆渡文化不仅传播到了许多沿海岛屿，而且越海传播到了中国台湾、菲律宾及南太平洋诸岛，最有力的证据就是史前石器有段石锛。有段石锛形制复杂，不像打制的旧石器那样易于制造。在长形的锛背面上半部做成低于下半部并形成一个台阶，即所谓"段"，以便绑扎上木柄便于应用。

有段古锛在南洋和太平洋的广大区域都有分布，甚至在太平洋东部的复活节岛和南美洲的厄瓜多尔也有发现。在中国台湾、南洋及波利尼西亚诸岛上的有段石锛在形态上同中国大陆东南地区的极为相似，但年代都比河姆渡发现的有段石锛晚，考古学界据此断定有段石锛起源于中国的东南沿海，后逐次传播到了南洋和太平洋。

林士民的研究认为："河姆渡先民制作的石锛，是目前亚洲地区出土文物中最早的石锛，它的发展演变，向太平洋西岸及岛国传播脉络清楚，影响深远，成为国际文化交融中的典型器物之一"。伴随有段石锛同时还出土有捆绑石锛的曲尺形木柄，表明它是一种复合工具。

木桨的出现

河姆渡文化的绝对年代在7000年以前，要早于仰韶文化。在河姆渡文化遗址的发掘中，发现有"干栏"式建筑遗址，梁柱间用榫卯结合，地板用企口板密拼，具有相当成熟的木构技术。生产工具有伐木用的石斧、石凿。特别值得注意的是，在出土文物中还有6把木桨。这些木桨当为7000年前的遗物。

所有木桨都是用单块木料加工制成的，桨柄与桨叶自然相连，不用销钉或榫卯相接。保存较好的一件残长92厘米、宽12.2厘米、厚2.1厘米，柄部残，断面呈方形，粗细仅容手握。这些木桨的做工十分精细，桨柄与桨叶结合处，印刻有弦纹和斜线纹图案。显而易见，这样做工精细的木桨不会是最原始的。原始木桨的出现当然会更早，如果推到8000年前或更早一些，应当说也在情理之中。考古学家认为，桨是随着舟船的出现而出现的，有舟未必有桨。巴西的考古学家曾说过，第一把桨正是人的两只手。所以，桨的出现必定是以舟的产生为前提的。

河姆渡木桨的发现是极其宝贵的，但不是惟一的。浙江省另外两处新石器时代的文化遗址中也有原始木桨出土。1958 年前后，我国考古工作者分别在濒临太湖的吴兴钱三漾和杭州水田畈两处，发掘出新石器时代末期的文物，其中有 5、6 只木桨。据鉴定，这些都是 4700 年前的遗物。这一批木桨的发现足以证明，在新石器时代，长江中下游和滨海地区舟船活动就已相当广泛。

与木板船有关的甲骨文字

由原始社会进入奴隶社会后，随着生产的发展与经济的繁荣，出现了商品交换和以贝为代表的货币。伴随着生产的发展和商品交换的需要，提出了提高水上运载工具的装载量并改善其适航性能的要求，这时，筏与独木舟都逐渐不能满足需要了。

没有干舷是筏的特点也是弱点，再加上筏体本身又有较大的缝隙，当筏的载重量增加时，乘载在筏上的人和货不可避免地要受到水的浸淹。独木舟虽然不漏水而且有一定的干舷，但在水中的稳定性不好。同时，原株树的大小也限制了独木舟的大小和装载量。

木板是木板船产生的首要和必备条件。摩尔根的学术见解是：石器的出现和应用，给人类带来了木板。在 7000 年前的以河姆渡文化为代表的新石器时代是否出现过木板船，还有待考古研究。但是，那时既然已能为构筑"杆栏式"建筑而剖制木板，又有相当成熟的榫卯技术，可以认为那时制造木板船的物质条件已经基本具备了。

在中国出现木板船的有力见证，还是甲骨文中所见到的"舟"字，以此推论木板船最晚也应是殷商时代的产物。其时限相当于公元前 16 世纪到公元前 11 世纪，距今约 3500 多年到 3000 多年以前。

公元前 16 世纪，商汤灭夏桀后建立起奴隶制国家——商。商代的农业比较发达，已能用多种谷类酿酒，手工业已能铸造精美的青铜器和烧制白陶，交换扩大，一些规模较大的早期城市应运而生。记录

甲骨文中的舟字及与舟有关的字

社会生活的文字材料主要保存在甲骨、铜器及其他器物上，其中以甲骨上的为最多。甲骨文是中国已发现的最古老的汉字，1899年始发现于殷商遗址，即今河南省安阳市的小屯村。由于甲骨文的笔画部位尚未定型，所以分散见到的"舟"字及与舟有关的字，写成了不同的象形式样。

从甲骨文中的"舟"字，可以看出它所表征的舟，是由纵向和横向构件组合而成的。舟字的横线，代表肋骨或舱壁等构件，既能支撑两舷的纵向板材以加强舟体的强度，又能将舟体分隔成若干隔舱。更重要的是可以将纵向板材接长，从而用较短的木板造出比它长的舟船来。

甲骨文中的"般"字，从字形看，像一个人持桨或篙使船旋转移动。"般"字有一种读音 pan（盘），可当盘旋解。在《康熙字典》上，对"般"的一种解释是"象舟之旋"。"盪"字是"荡"字的古写，这在甲骨文中是可以见到的，也收入了《康熙字典》。从字形来看，像是一个人在荡舟。

上海博物馆收藏有商代时期的饰有饕餮纹的铜鼎。鼎上的有一个铭文，表现为一个人挑着贝币或货物立在船上，船后有一个人在荡桨。这是商代水运活动的记录。

第三节 船舶的发展与演变

自从有了船的雏形——独木舟，经过漫长的历史演变，华夏民族祖先不断地对船的性能、外形等进行改进，从而使得船成为人类想象与思维的延伸，大大拓展了人类的视野和活动的空间，推动了人类的相互交往与文化的传播。下文从木船的演变和机器船的演变两个方面简单介绍一下船的演变情况。

中国船舶发展简史

刘向《世本》中记曰：古者观落叶因以为舟。意思是说，中国人是因为看见落叶掉在水面上浮而不沉而悟到了船的原理。这跟鲁班悟出锯子的原理有点类似，大概中国人自古亲于木，总是可以从它身上得到层出不穷的灵感来。

树、竹苇、葫芦之类的浮具和筏子是舟形成之前的泛水之物。筏起于浮具，又多有改进。以桴济河，进而浮于海，这就有点"破天荒"的意思了。孔子说："道不行，乘桴浮于海。"大概他老人家也有点自我欣赏的冒险性情在。

《艺文类聚》载：西周成王时，"于越献舟"。越人，在古汉语里就是一个涉水的代名词，"水行而山处，以船为车，以楫为马，往如飘风，去则难从"。可想而知，当时的越人已经有相当高超的造船技术。还有，献舟一路，取道东海、渡黄海、泛渤海、入黄河、逆流而上进入渭水，终达周都镐京，船的实用性能及航海技术都已不差。

春秋战国时，大国争霸，造船业及航海业迅速发展。《越绝书》称：越迁都由会稽至琅琊，以水兵 2800 人"伐松柏以为桴"，沿海北上，气势已然磅礴。至秦，徐福及童男女各 3000 人，乘楼船入海，寻找不老之药。那楼船之巨，也已不难想象。有了船，从西汉中期前后，海上丝绸之路开始从古合浦郡始发，可通往印度、斯里兰卡，算得上是世界上第一条真正的海上国际贸易航线。三国时期的吴黄龙二年，孙权"遣将军卫温、诸葛直将甲士万人浮海，求夷洲及澶洲"，这里所说的夷洲，就是现在的台湾；而澶洲则是指日本岛屿。

木船开始依赖人工划桨，既而有风帆及橹，橹是由长桨演变而来的，是另一种用人力推进船只的工具，也是控制船舶航向的工具。一器多用，这是中国对世界造船与航海技术上的突出贡献。

东晋后期，法显和尚西行印度，寻求戒律，历时 14 年，数次濒死，终于在 70 岁高龄时只身远

古代木帆船

航归国。他此次满载而归的,就是后来对中国产生了巨大影响的大量佛经。随后,这位老人便与来中国的尼泊尔高僧佛驮跋陀罗一起翻译出了这些佛经。

隋炀帝好大喜功,多次征发民工无数,在江南采伐大木料,大造龙舟及各种花船数万艘。最大一艘龙舟共有四层,高45尺、长200尺,上层有正殿、内殿、东西朝堂,中间二层有120个房间,都"饰以丹粉,装以金碧珠翠,雕镂奇丽"。随后,这位穷奢极欲的帝王数次乘着龙舟巡幸江都,酒池肉林地日夜寻欢作乐,终于就把江山丢了。

唐朝时,造船上已广泛使用了榫接钉合的木工艺和水密隔舱、黄底龙骨、打蜡与防摇装置、漆涂防腐技术、金属锚等先进技术。此时的战船名为楼船、蒙冲、斗舰、走舸、海鹘和游艇,最大的战船"和州载",费时三年,"载甲三千人,稻米倍之"。自西汉开辟了海上丝绸之路后,到了唐朝,中国与世界各国的海上交往到达了鼎盛。长安成了国际性大都市,海外各国的使者、留学生、留学僧、商人不断地到中国来,学习中国先进的文化、政治典章制度。也就是从这时开始,中国人在海外被称为"唐人"。作为当时世界上最强盛的发达国度,唐人开辟了多条海上航线,多次到达南洋、西亚、东非等地。唐朝仍然有和尚到日本,著名的鉴真自743—754年经12个年头,先后6次东渡日本,终于以非凡的信念和顽强的毅力到达日本的本土。

宋元时期,我国的海上和内河的运输规模远超前代,海外贸易不断扩大。造船业十分发达,浙江、福建、广东成为打造海船的中心,宋代的造船、修船已经开始使用船坞,并创造了运用滑道下水的方法。许多港口都设置了市舶司以管理海外贸易,其中明州、广州、泉州、杭州尤为显要,是清代以前最著名的几大港口。

元朝时期,西方各国相继遣贡使来到中国,传教士、商人、旅行家陆续来到中国,马可·波罗一待就是17年,并深得忽必烈的信任与重用。1291年,忽必烈"命备船十三艘,每艘具四桅,可张十二帆",派马可·波罗从泉州起航,护送阔阔真公主至波斯成婚。这大概就是古老的东方——一个满载着瓷器和丝绸的童话飘向世界的开始。

明清时期的造船业也都有所发展。然而,发展到近代,由于国家政策逐步保守,紧闭对外交往的大门,中国舟船技术开始逐步落后于欧美各国。鸦片战争后,西方各国利用坚船利炮打开了中国大门,纷纷抢夺中国的商品市场和掠夺中国的自然资源,而航运业就是其侵略中国的桥梁及重点,欧美国家依靠抢夺的各种特权，在中国主要的通商口岸建立起一系列近代航运公司，抢夺中国的航运市场。在这种危急的时势下，中国的传统木船航运业渐渐退出了历史舞台，而国内一些有识之士也开始了创建民族轮船公司的尝试，而最早也是最有影响的就是上海轮船招商局。从此，我国的近代航运业开始了一段可歌可泣的创业史。虽然受到欧美各国航运公司的极大钳制，但在缝隙之中发展的民族航运业不屈不挠，顽强拼搏，也一度取得了较大成绩。

木帆船的发展与演变

大禹治水成功后，普通民众的主要水上运输工具是独木舟和筏。但独木舟、筏的局限性很明显，因而夏朝建立初期，大禹便命令船匠设计木板船。船匠们根据大禹的指示，结合独木舟、筏的现有特点，经过多次实践，终于制造出了轻便、容量大的木板船。木板船航行时遇到的一个突出问题，就是它的抗风能力较差。只有当抗风浪能力较强并能借助大自然风力进行远距离航行的木帆船出现后，人类的水上航行活动才能更为主动。《物源》中有关于帆的发明的记载：传说是大禹受到一种叫鲨鱼的启发。鲨鱼的形状很奇特，身体扁而宽，眼睛长在背上，嘴长在肚腹之下，而背上生有高七八尺的鳍。每当有风吹来的时候，它的鳍就会收拢起来。不论自然界是否有这种鲨鱼，但是帆的发明必然是由于人们受到自然界某种东西的启发。

人类征服自然的能力随着木帆船的发明而得到了极大提升。到殷商朝，水运已得到初步发展。从考古发掘资料来看，卜辞中不尽相同的"舟"字，说明了当时木船的形制已经多种多样了。到春秋战国时期，大国争霸，造船业及航海业迅速发展。由于战争烽火不断，时局呈现出"战国何纷纷，兵戈乱如云"的特殊状态，适应水战的战船得到了空前发展，而地处沿海的吴国战船最为有名。据记载，吴国战船有"艅艎"和"三翼"。艅艎是王侯们乘坐的大型指挥战船，体形宽大，首尾高耸。三翼有3种型号：大翼广一丈五尺，长十丈；中翼广一丈三尺，长七丈；小翼广一丈二尺，长五丈六尺。由此可见当时吴国已有相当精良的船舶制作技术了。

秦汉时期，船舶的形式多种多样，造船技术得到了进一步发展。秦代，徐福率童男童女各3000人，乘楼船入海，寻找不老之药。那楼船之巨，可以想象得出。据《史记·平淮书》记载，汉武帝时期，因与南方边地部族进行水战的需要,汉武帝在长安附近的昆明池演习水军。当时环列的楼船,高十余丈,旗帜猎猎,甚是壮观。而最能反映汉代造船技术水平的莫过于楼船了。楼船本身大小不一、层数不等。作战的楼船一般有3层,每层四周有防御敌人用箭矢与石头攻击的"女墙",上面开设窗孔。窗体表面蒙有皮革,起防护之作用。在西汉中期前后,随着海外贸易和造船技术的发展,开辟了一条海上丝绸之路,可通往印度、斯里兰卡,可见当时造船技术已十分发达了。

西晋建立后,为了灭吴国,命王濬在蜀地组建水军舰队。王濬监造的最大楼船长宽120步,可承载2000多人,舱面上建有瞭望台,船上可以驰马往来。西晋水军也因之被称为"舟楫之盛,自古未有"。晋后期,法显和尚西行印度,寻求戒律,历时14年,数次濒死,终于在70岁高龄时只身远航归国,带来对后世中国产生了深远影响的大量佛经。这次远航,说明当时已知信风的有关知识,并掌握了观察日月星辰辨别航向的航海技术。

隋朝船舶工业进一步发展。隋文帝时期,杨素打造的"五牙舰",楼分5层,高达50尺,可容纳800名战士。

唐朝时,造船上已广泛使用了榫接钉合的木工艺和水密隔舱、黄底龙骨、漆涂防腐技术、金属锚等先进技术。此时战船形式多样,主要有"楼船"、"艨艟"、"斗舰"、"走舸"、"游艇"和"海鹘"6种。其中"海鹘"是一种新型战船,其外形与能在海浪中疾驰的鹘鸟十分相似,头低尾高,前大后小,以便于冲浪。德宗时,荆南节度使李皋主持制作的战舰,"挟以二轮,令蹈之,溯风破浪,其疾如挂帆席"。唐末杨厚监制的巨船"和州载",费时三年,"载甲三千人,稻米倍之"。

宋代的造船、修船已经开始使用船坞,并创造了运用滑道下水的方法。《宋史·岳飞传》记载,杨么水军使用一种叫"车船"的战船,"以轮击水,其行如飞"。此时中国船舶已设置了水密隔舱,以保证船舶在船壳破裂时仍可航行。元时,为护送阔阔真公主至波斯成婚,忽必烈"命备船十三艘,每艘具四桅,可张十二帆",派马可·波罗从泉州起航护送。

郑和宝船复原模型

明清时期，中国造船与航海业日趋衰落。明代造船业的规模最大，出现了造船高峰。明朝的郑和七下西洋将我国古代航海活动推上了顶峰。据《明史·郑和传》记载，郑和航海宝船共63艘，最大的长44丈4尺、宽18丈，折合现今长度为151.18米，宽61.6米，树9桅，张12帆，排水量超过1万吨，是当时世界上最大的海船。《明史·兵志》又记："宝船高大如楼，底尖上阔，可容千人。"但是好景不长，不久以后明清两朝相继实行了闭关锁国的政策，造船与航海事业从此就一蹶不振了。1840年鸦片战争以后，帝国主义纷纷侵入，在西方现代轮运业的冲击下，我国以帆船为主要工具的古代水运业日趋衰落并逐步废弃，也从而翻开了中国船舶史艰难而沉重的一页。

知识链接

唐代的内河航运及江河船舶

唐武德七年（624年）四月，颁布了均田令和租庸调法。租庸调法中的租，就是每个成年男性农民每年要向政府缴纳实物地租粟2石；庸，是每个农民每年向政府无偿地服劳役20天，若不服役，准许每天纳绢3尺或布3尺7寸5分抵免；调，就是随乡土所出，每年缴纳绢（或绫、纯）2丈、绵3两。不产丝绵的地区，每个农民每年缴纳布2丈5尺、麻3斤。"租庸调制符合当时社会经济的发展要求，所以出现了唐初社会经济繁荣的景象"，由此，内河航运在国计民生中所占的地位越来越重要。

开元二十二年（734年）兼任江淮、河南转运使的裴耀卿，分析了南北漕运欠通畅的缘由：江南户口众多，为国库的重要来源。然而其所运送的租庸调等，于正、二月上道，到扬州进入运河的斗门，恰好是运河水浅的时候，不适合行船。到四月份以后才能渡淮河而入汴河，这时又属汴河干浅季节，加上搬运、停留，到六、七月份方能到达黄河。这时每又逢黄河水涨而不适于航运，常须停一两月等待水势减弱才能航行。因此提出实行分段运转法。

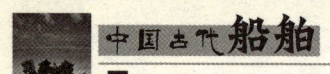

> 安史之乱，前后历时7年多方结束，严重破坏了生产。时关中缺粮，米斗千钱。广德二年（764年），刘晏任河南、江淮转运使，疏浚汴水，更针对汴河的水文建造"歇艎支江船"，每船1000斛，10船为纲，每纲300人，篙工50人。还依黄河的急流，特别是要具有驶上三门峡的能力，建造了"上门填阙船"。两种船建造数千艘以应需要。
>
> 在内河航运较为发达的唐代，在黄河有"上门填阙船"，在黄河与长江之间有适宜于汴河和通济渠的"歇艎支江船"，大型船舶"俞大娘船"则适合航行于长江。

机器船的发展与演变

明代中期以后，中国对外关系基本上实行"闭关锁国"政策。中国造船技术虽然仍有缓慢发展，但已逐步落后于经历了工业革命洗礼的欧洲资本主义国家。《南京条约》签订以后，中国被迫开放五口通商，中国社会开始逐步沦为半殖民地半封建社会。为了倾销商品和掠夺廉价的原料，西方列强利用所享有的各种特权，纷纷抢占中国市场，以谋取更多在华利益。作为其侵略中国桥梁和中介的造船业、航运业，便首先进入中国。正如马克思所说："机器产品的便宜和交通运输业的改变是夺取国外市场的武器。"第一次鸦片战争后，在外国先进船舶技术的冲击下，中国传统的船舶工业逐步走向凋敝。

面对外国优势船舶技术的威胁，中国的一些有识之士率先从"天朝上国"的迷失中醒来，开眼看世界，探索新知识，关心时局，寻求强国御侮之道。林则徐则是近代中国"开眼看世界之第一人"。早在第一次鸦片战争之前，他就认识到西方飞剪式帆船和蒸汽机轮船的优势，提出"造船铸炮……师夷之长技以制夷"，向西方学习先进技术以"御敌"、"自强"。除设立译馆，介绍西方先进文化外，还把一艘商船仿制成西式战船。此后，魏源撰写了《海国图志》，郑复光撰写了《镜镜詅痴》，将火轮船的设计与制造原理介绍到中国。

在这股思潮的影响下，民间也开始了学习西方先进技术的探索活动。1842年，广东绅士谭世荣雇洋匠试造小火轮船一艘，放入内河试行，但"不甚灵便"，原因是这种船机关灵巧，一般船匠"往往不谙其法"。然而，对于民间的这种有益探索，清政府不但不予支持，反而极力打压，不准民间仿造或购买轮船。但国门一旦打开，学习西方先进文化就成为一股不可抗拒的历史潮流。不久，清政府内部一些思想开明的封疆大吏也开始行动起来，推动了一场以"自强"、"求富"为口号的轰轰烈烈的洋务运动。这场运动前后历经30余年，建造了一系列西式造船场，如江南制造总局、福州船政局、天津机器局、黄埔船局等，也培养了一大批造船骨干和新一代产业工人。尤为可贵的是，这期间华蘅芳、徐寿等人还设计制造出了我国第一艘蒸汽机轮船"黄鹄"号。虽然这艘轮船还无法与英国等发达国家的轮船相提并论，但却是我国近代造船业的真正起步。当然，由于洋务运动没有变更封建制度，只满足于对西方技术、武器等细枝末节的学习，因而必然导致甲午海战的中国北洋水军的全军覆没。

洋务运动开始以后，机器船的制造与使用便迅速发展起来。从航运业来看，为了应对帝国主义航运业的挤压，官办的上海轮船招商局与卢作孚的民生公司等民族航运业都纷纷建立。内河航运业也不例外，即使使用木船，也仍离不开机器动力，如广东的花尾渡，就是用小火轮（俗称"温底"）拖带木船。

在第一次世界大战期间，由于帝国主义国家忙于战争，给予了中国船舶工业以喘息之机，中国的船舶工业发展出现了一次"短暂的春天"。1905年分离出来的江南船坞由于经营上的商业化操作，并积极聘用富有经验的英国总工程师，固此发展得极为迅速。1912年4月后，其被北京政府改名为江南造船所。由于第一次世界大战的爆发，美国短缺远洋运输船，便与我国政府签订了4艘全遮蔽甲板型蒸汽机货船，总长135米，型宽16.71米，型深11.57米，指示功率3670马力。第一艘远洋运输舰"官府"号于1920年6月3日下水，1921年2月17日交船开赴美国，这一事件在海内外引起了巨大反响。《东方杂志》记载："江南造船所承造的一万吨汽船，除日本不计外，为远东所造最大船……中国产业史上开一新纪元。"据统计，自1905年至1937年，江南造船场共建造各种船只716艘，总排水量21.9万吨，其中的很多战舰在抗日战争中都发挥了重要作用。

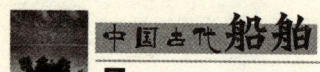

抗日战争以后,由于战争的影响,我国的船舶工业一度停滞,直到新中国成立尤其是改革开放以后,我国各种机器船包括战舰、运输轮船、游船等才得到很大发展,中国才逐步跻身于世界船舶工业大国、强国的行列。

第四节 近代造船与航运业的衰落

影响造船和航海事业的因素

由于造船和航海是综合性的科学技术,涉及流体力学、材料力学、运动学、天文学、数学、磁学、地理学、气象学以及制造工艺技术等广阔的领域,因此造船和航海事业的发展是跟整个社会的科学技术水平息息相关的。

我国古代有非常辉煌的科学技术成就,在许多领域里都处于当时世界的领先地位。先进的科学技术水平也促使我国的造船和航海技术在整体上,以及在一些重要的设备上,都居于古代世界的领先地位。例如,船尾舵、水密隔舱、指南针等都是我国首先发明的,而且至今仍在应用。从唐朝至明初的近千年的时间里,我国的造船技术一直在世界上遥遥领先,远洋航行技术也一直保持在世界先进水平。李约瑟在对中西方的造船和航海技术进行比较性研究以后,曾经明确提出,在造船和航运的许多原理方面,西方比中国落后了几个世纪;船尾舵的应用,西方比中国大约落后4个世纪;指南针在航海中的应用,西方比中国大约落后1个世纪。同时,也正如路易·勒康在17世纪后期所说:"航海是显露中国人才智的另一方面",中国人远比"希腊人和罗马人懂得多"。造船和航海技术的光辉成就,也从侧面反映了我国古代发达的科学技术文明。

社会需要是推动技术进步的重要力量。地中海沿岸和阿拉伯湾一带由于经济贸易的需要，古代也有发达的造船和航海事业，并且在造船和航海技术上作出了重大贡献。中国所处的地理位置不同，而且在唐朝以前海上国际贸易不很发达，但是中国幅员辽阔，海岸线漫长，河流港汊纵横交错，湖泊众多，由于国内交通运输和物资交流的需要，推动了造船和航运业的发展。隋朝以后，全国的经济中心转移到了南方，可是政治中心却在北方，漕运南方的粮食和物资成为历朝政权的一项重大措施，因此内河和沿海航运得到持续发展。尤其是在唐、宋、元三朝，我国海外的交通贸易蓬勃兴起，我国的造船业和航海业也因此进入了历史的新纪元，它的技术水平也走向了历史上的高峰。

中国古代社会还具有自身的特点和传统。在世界文明的发展史上，中国文明一直是连绵不绝、持续发展的，从未遭到中断。而且，自从3000多年以前的夏、商王朝建立起，中国基本上处在一种君主专制的大一统政体的统治下，即使是在分裂时期，各个分立的政权也都保持着君主专制的政体而没有改变。因此，许多重要的手工业生产部门，包括造船和航运事业大都掌握在官方手里，成为官营的手工业。官营手工业征调和集中了全国各地的能工巧匠，物力财力充裕，甚至可以不惜工本，制造统治者所需要的产品。这样，官方手工业的产品往往代表着国家最先进的水平。从历史上的造船和航海来看，大型的、性能优良的船舶往往是官方造船所建造的，或者供统治者享用，或者供军用；大规模的航海事业也都是官方所组织和控制的。这也就产生了一种结果，造船业和航海业的兴衰往往由统治者左右。唐、宋、元三朝政权鼓励海上交通贸易，就促使造船和航海事业特别发达。郑和的划时代航海业绩，更是在皇帝的直接指使下，利用政权的力量来完成的。但是，在郑和的航海活动结束以后，由于明朝政权实行海禁和锁国政策，我国居于世界领先地位的造船和航海事业就一落千丈，很快便落在世界潮流的后面了。

明朝以后我国造船和航海落后的原因

长期处在领先地位的中国造船和航海技术，为什么在近代世界中却落后了，而且差距越来越大，被世界先进的造船、航海潮流远远地抛在了后面，这是至今仍为中外人士所关心并进行探讨的一个重大问题。它将给我们提供许多有益的教训和借鉴。

一般来说，最根本的原因是中国封建主义的衰落和西方资本主义的兴起。明朝以后，中国社会已经进入了封建主义的后期，长期统治中国社会的封建主义政体逐步走向衰退、没落和崩溃。同时，西方资本主义却正在兴起，处于迅猛的发展时期。从科学技术方面来说，西方掀起了近代科学技术革命的浪潮，近代科学技术迅速兴起，突飞猛进。特别是18世纪的产业革命以后，西方的造船和航海技术发生了重大变革，木结构的船舶被钢铁结构的船舶所取代，风力、人力推进系统被蒸汽动力系统所取代，航海技术也取得了重大突破。可是中国的科学技术包括造船和航海技术在内，却仍在传统的老路上蹒跚而行，故步自封，毫无创新，没有进入近代理性的科学技术阶段。因此，从社会形态到科学技术水平，中国都逐步落后于西方，造船和航海事业当然也难以例外。

明朝以后，造船和航海事业的落后还有它的特殊原因。明初的郑和船队大规模远航，成为世界航海史上的空前壮举。但是，这样的壮举在中国却成为昙花一现的事件，从此，中国的航海事业在世界上就默默无闻了。这是为什么呢？

首先，让我们来对郑和与葡萄牙人达·伽马的远航作一个简单的比较。郑和的远航带有极大的政治色彩，主要是为了巩固明成祖朱棣的政治地位，扩大国际影响，对外宣示明王朝的强大。因此，郑和出使所携带的物品大部分是金银、钱币、瓷器、丝绸和铁器，并且大都作为礼品分送给沿途各国，而换回来的多是奇珍异宝、珍禽异兽、香药等专供皇室和官僚集团享用的奢侈品。这种只讲排场、乱加赏赐、贸易不计盈亏的做法，加上造船和

甲午海战中的战舰

远航筹备工作的费用，耗费了巨大的财力，增加了明政权的财政困难，无益于国家的繁荣与发展，因此被作为一种弊政，受到统治阶级内部的激烈反对和攻击。到了成化年间（1465—1487年），事情就完全走向反面，大型海船的建造停止了，远洋航行停止了，甚至连郑和远航的档案资料也被烧毁，走上了取消主义这另一个极端，大规模的远航也就从此中断了。而达·伽马的远航和结果与郑和下西洋却截然相反。达·伽马的远航带有资本主义牟取暴利的目的，1497年他从欧洲经过好望角到达东印度的远航，虽然只有4只船、148人（或是170人），但是在1499年返回葡萄牙的时候，船队带回的货物总值却是他远航费用的60倍之多。它的结果是对欧洲正在变革的社会给予了强有力的新刺激，把欧洲带入了殖民掠夺的大航海时代。两者目的不同，后果也完全不一样，它的经验和教训都是值得记取的。今天，我们既要反对宣扬国威式的远洋航行，也要反对对远洋航行的消极态度，更要反对殖民掠夺式的海上活动，但是对于平等互利性质的海上交通贸易活动，那是应该大力提倡的。

　　政府实行海禁政策是造成中国历史上远洋活动中断的另一个重要因素。在元末明初，由于倭寇成为沿海的大患，所以明王朝建立以后不久，在加强海防的同时，很快就采取了跟唐、宋、元朝鼓励海上贸易相反的政策，罢去专管海上通商的市舶司，实行海禁，禁止民间的海外通商活动。洪武十四年（1381年）颁布的禁令规定，除了持有官方所发的号票文允许可出海的船只外，严禁民间船只下海通商，甚至不许民间建造三桅以上的大船，对违禁者处以充军以至于斩首的严刑。在郑和七次远航期间，海禁虽然略有放宽，但是随着郑和远航的结束，远航活动受到统治阶级内部的反对，海禁政策变本加厉。据《明史纪事本末》卷55记载，嘉靖二十五年（1546年）更下令："凡双桅艅艎，一切毁之，违者斩。"在这样严厉的海禁政策的影响下，民间和官方的造船业都受到了严重摧残，民间只许建造小船，官方也只是建造中小型的船只，连专为郑和远航建造宝船的庞大的官方龙江造船厂都大部分荒废了。从此，除了沿海的漕运和商业活动，以及民间一些零星的违禁冒险出海活动外，轰轰烈烈的航海事业就无声无息了。结果，我国的造船和航海技术就这样一落千丈。

　　及至到了清朝，由于清初东南沿海的反清力量比较强大，清政府仍旧推

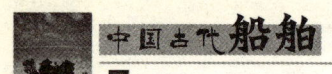

行海禁的政策，封锁海域，宣布汉人出洋是"自弃王化"，一律杀头。顺治十七年（1660年）更颁布了"迁海令"，强迫命令北起渤海湾、南到广东的惠州、连州一线的沿海居民内迁三四十里。据江日升的《台湾外纪》卷12记载，当时清朝政府下令"将所有沿海船只悉行烧毁，寸板不许下水。……违者死无赦。"康熙二十二年（1683年）统一台湾以后，虽然开放了海禁，但是对出海贸易的商船还是规定了种种限制。乾隆二十二年（1757年）下令关闭所有开放的通商港口，只留下广州港跟国外通商，推行更加严厉的闭关自守的政策。可是在这个时期和以后，正是西方工业革命蓬勃兴起的时期，蒸汽机和其他科学技术成就在造船和航海事业中得到广泛应用，造船和航海技术进入了一个新的时代。因此，闭关自守的结果，不但使中国对世界造船和航海的新潮流、新技术一无所知，甚至造成了西方列强入侵，国土沦丧的恶果。

历尽沧桑谱新篇

落后和愚昧是一对不可分离的孪生兄弟，落后就必然愚昧，愚昧又更加落后。在这种恶性循环之下，当欧洲殖民主义势力东来，在中国周围建立殖民地，并且在中国沿海猖狂活动时，这期间腐朽的清朝政府仍旧妄自尊大，以天朝上邦自居，闭关自守，闭目塞听，对世界发展的潮流毫无了解。乾隆五十八年（1793年），英国派马戛尔尼来华，要求通商和互派使节，被清王朝以"与天朝体制不合，断不可行"，"天朝物产丰盈，无所不有，原不借外夷货物以通有无"而回绝，对增加贸易的要求也用"于定例之外多有陈乞，大乖仰体天朝加惠远人，抚育四夷之道"（《乾隆敕谕》）作理由，不予理睬。嘉庆二十一年（1816年），英国再次要求通商贸易，仍是以"天朝不宝远物"，"嗣后毋庸遣使远来，徒烦跋涉，但能倾心效顺，不必岁时来朝始称向化"（《嘉庆敕谕》），再次加以拒绝。由此可见，清王朝的夜郎自大和狂妄无知已经达到了惊人的地步。但是只经过25年，英国的铁甲战舰就打破了清王朝的迷梦，打开了闭关自守的中国大门。接着，其他列强接踵而来，清政府丧权辱国，签署了一个又一个不平等条约，中国也一步一步沦为半封建半殖民地的国家。从此，中国的沿海口岸以至于内河航线，任凭外国轮船横冲直撞，中国自身除了一些小木船外，几乎没有什么造船和航海事业可言了。

1860年的第二次鸦片战争以后，清政府认为，西方列强的船坚炮利是战争失败的主要原因。特别是在清政府勾结外国殖民主义势力，凭借洋枪洋炮扑灭了太平天国起义以后，进一步认识到军火工业的重要性，于是提出"师夷智以造炮制船"，在19世纪60年代掀起了洋务运动，建立了我国第一批近代工业。其中创办较早、规模较大的工厂有：1865年创办的江南制造局，1866年创办的福州船政局。但是由于清政府政治腐败，管理不当，加上西方列强从中作梗，造船的成绩很差。江南制造局在1868年到1885年之间只造轮船8艘。其中1868年制造的第一艘船"惠吉"号，只是长185尺、宽27.2尺、马力392匹、载重600吨的小船，船身还是木质的，除锅炉和船壳是自造的外，机器都是从外国购买的旧货，式样也只是老式的明轮船。福州船政局在1869年到1874年之间共造兵船15艘，也都是几百吨到一千吨的小型船只，其技术工艺远远落后于先进水平。1873年6月7日，《北华捷报》在评论江南制造局和福州船政局所造兵船的时候说："这些小船只能供沿海岸巡缉之用；太平年月无用，战争起时是废物"，遭到外国侵略者的蔑视。

后来，我国的造船业虽然也有所发展，但是主要还是购买外轮；除了清政府外，一些民族资本家建立的轮船公司也购买外轮。直到1949年新中国成立前夕，我国沿海和内河的航运主要控制在外国人手里。据统计，1916年我国拥有的海轮计有135艘，吨位67443吨；内河轮船计有2111艘，吨位105974吨，共计大小轮船2246艘，总吨位173417吨。可是，当时在我国内河和沿海航行的外国轮船共有150艘，吨位高达212899吨，比我国拥有的轮船吨位还多近40000吨。1934年，我国拥有的轮船总吨位只有54万吨，可是在我国境内航行的外籍轮船吨位竟有70万吨。而且在我国所拥有的轮船中，几乎都是从外国购买的，本国制造的少之又少。这些情况，反映了我国造船和航海事业处于非常落后的状态。日本帝国主义入侵以后，由于战争的破坏，我国的造船和航海事业更濒临绝境。

1949年全国欢庆新中国成立，它拯救了苦难深重的国家和民族，也拯救了濒临绝境的造船和航海事业。自新中国成立以来，我国在造船和航海技术

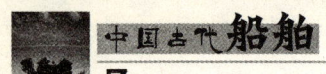

方面都取得了很大成就。我国的商船已经可以在各大洋进行远洋航行。当然，我们也应该清醒地看到，现在我国的造船和航海事业发展的速度也还不够快，还不能适应发展的需要，同世界先进工业国家相比也还有不少差距。但是，我们满怀着希望和信心，随着经济体制的改革，在实现中国梦的伟大历史进程中，我国的造船和航海事业一定会继承和发扬历史上的光辉业绩，谱写出辉煌灿烂的新篇章来。

第二章

船舶的类型与行驶工具

从类型上来说,舟船种类繁多,千姿百态,功能不一,有渔船、农船、海船、货船、渡船、游船、客船、战船等;从工具上来说,帆、桨、橹、舵的相继发明,大大提升了船舶的质量与运行速度。

第一节
船舶的类型

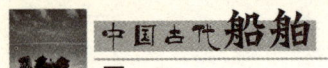

中国造船业历史悠久，船舶类型多样，名目繁多，很难给它准确分类。从船的功能和构造的角度来分，可以大致分为筏、独木舟、画舫、游船、客船等多种类型。

筏：最简易的船舶雏形

筏是由单体浮具发展起来的。一根树干，在远古就是一件浮具。树干呈现圆柱形，在水中易于滚动。为使其平稳，也为获得更大的浮力，人们将两根以上的树干并拢，用藤或绳系结起来应用。因此，筏就是把较多的单体浮具集为一体。

筏的名称因其大小和取材的不同而不同。《尔雅》记有："桴、栰编木为之。"大曰栰，小曰桴。郭璞注解说："木曰栰，竹曰筏，小筏曰桴。"

中国南方盛产竹，竹筏的使用很是广泛。用火将竹的两端烧烤后使其向上翘起，然后以藤条、野麻编缚在一起，划动起来阻力较小，顺流而下则漂浮如飞。

皮筏是把许多皮囊编扎在一起。组成皮筏的皮囊少者有6～12个，多者可达400～500个。

皮筏这种原始的渡水和运载工具

竹筏

之所以能经久不衰，是因为它具有独特的优点：制作简单，操纵灵活；安全可靠，不怕搁浅；成本低廉，不耗能源。

制作羊皮筏时需将皮囊充气。制作牛皮筏时则皮囊可不必充气，而填以所装运的羊毛之类轻货。也可以用干草代替此类轻货，俗称"草筏"。装货时要注意载荷的平衡。

在大型长途运行的皮筏上，可张设帐幕，以便旅客和筏工休息。皮筏的每一个皮囊都是一个密封的提供浮力的单元。航行中即使有若干个皮囊破洞而失去浮力，但绝大多数皮囊仍不至于进水，其浮力足可以使皮筏脱离险境。中国西北地区历来有大宗的土特产如羊毛、药材、皮毛、菰草等，数量大而且是单向运输。因此在过去，皮筏在很长一段时间都是主要运输工具。

皮筏运输也有很大的局限性，不能逆水而上是皮筏的最大缺点，故有"下水人乘筏，上水筏乘人"之谚。

筏的优点有因地制宜、不拘一格取材，制作简单和稳定性好等。尽管筏的构造简单，但确是人类征服自然的智慧结晶。人们从半身浸在水中抱着葫芦或皮囊渡水，到登上筏，甚至还能载上些猎物，其欢欣鼓舞之情，是不难想象的。

筏不仅能供作渔猎还能用来渡过大江大河，甚至海洋上也可用它来进行漂流。"特别是中国首创的竹筏，体轻，抗折，它随着百越人的海上活动，最远传到了拉丁美洲的秘鲁沿海各地。"

在原始的渡水工具中，葫芦或是皮囊只可称为浮具，筏也算不得船。具有容器形态的，也就是具有干舷的，才能称作舟或船。只有在独木舟问世以后，人类才算是拥有了真正意义上的第一艘船。

独木舟：一根横木水上漂

独木舟，满语和赫哲语都称为"威呼"，有的地方俗称"快马子"船，是指用整根的大树干砍凿制成的水上工具。《易经·系辞》载："伏羲氏刳木为舟，剡木为楫。"这句卜辞告诉我们，是华夏的祖先伏羲氏发明了独木舟。虽然对首创者究竟为谁史书说法不一，有说是黄帝，有说是伯益，但有一点不会有疑问，就是独木舟是上古先民们集体智慧的结晶，而不是个人的创造。

虽然无法确切知道华夏祖先发明独木舟的具体时间。但据考古资料推算，早在7000年前我国就已经发明了独木舟。

中国古代**船舶**

Zhong Guo Gu Dai Chuan Bo

独木舟

我国福建盛产香樟，以香樟为材料制成的独木舟因芳香扑鼻、华贵精美而深受达官贵人的青睐。独木舟具有结实耐用、安全稳定等特点。因而，至今在我国不少偏远的山野河溪地区，仍有不少老百姓用它来载人运货。

舢板：无甲板小船

舢板是指一种以人力划桨、摇橹推进的无甲板小船，也叫"三板"，原意是用三块板制成。它是一种木结构船。舢板至今仍在一些地方被使用。

在船的甲板下有一些木制隔板，称为防水隔板。它们将船体分成一系列的防水隔间，用于装运货物。如果船只遭到破坏，这些隔间能够阻止海水漫入整个船体。

舢板上的船舵通常比较大，悬挂于尾部下方，并能通过锁链进行提升和下放。在浅水中将舵叶升起一点，船员使用短舵航行，而在深水中则将舵叶放下一点，此时适合用长舵。

舢板的尾部一般呈四方形，上面是一个小屋，通常是船员起居做饭的地方。

几乎所有舢板的艏部都画有一对眼睛图形。水手相信这些眼睛能给船只带

小舢板

第二章　船舶的类型与行驶工具

来好运。不同的舢板上的眼睛是不相同的。渔船上眼睛向下望着鱼群，而商船的眼睛则是望着前方。

舢板的艉部经常被画上一些传统的图案。水手们相信这些传统的图案将带来幸运、财富和平安。这种图案经常采用红色，因为中国人都认为这种颜色能辟邪。

画舫：桨声灯影秦淮河

画舫是一种装饰华丽的小型游船。一般用于水上观景、游玩，有时也作宴饮的场所。画舫多在风景旖旎的旅游胜地使用，某种意义上亦可归为游船，如南京秦淮河画舫、扬州瘦西湖画舫、杭州西湖画舫、无锡太湖画舫等，还有一艘特殊的画舫，就是位于北京颐和园内的用云南大理石制成的石画舫。

自古以来画舫就与文人墨客结下了不解的情结，成为文学家描摹添色的对象。以秦淮河的画舫为例，晚唐诗人杜牧的《泊秦淮》可谓是千古流传："烟笼寒水月笼沙，夜泊秦淮近酒家。商女不知亡国恨，隔江犹唱《后庭花》。"杜牧作这首诗时就在秦淮河上一艘名叫"夜未归"的画舫上饮酒赏月。明人钟惺《秦淮灯船赋》记载："小舫可四五十只，周以雕栏，覆于垂幕。每舫载二十许人，人习鼓吹，皆少年场中也，悬羊角灯于两旁，略如舫中人数，流苏缀之，用绳连舟，令其衔尾。有若一舫火举伎作，如烛龙焉，已散之，又如凫雁。"赋文中勾勒了明代秦淮河画舫（俗称灯船）的热闹繁盛场景，并介绍了画舫的形制与规模。清代吴敬梓，久居秦淮河畔，自号"秦淮寓客"。他的《儒林外史》中也有关于秦淮画舫的描写："水满的时候，画船箫鼓，昼夜不绝。城里城外，琳宫梵宇，碧瓦朱甍……灯船鼓声一响，两边帘卷窗开，河房里焚的龙涎、沉速、香雾一齐喷出来，和河里的月色烟光合成一片，望着如阆苑仙人、瑶宫仙女。"谭嗣同赞美秦淮画舫如"画里彩舟，鸥边就梦；镜中人影，衣上天香"。溢美之情，跃上笔端。在现代文学史上，因对秦淮河的描绘而被传为佳话的则是我国现代散文大家朱自清与俞平伯所作的同

西湖杭州画舫游船

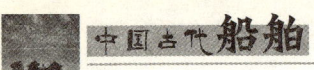

名为《桨声灯影里的秦淮河》的散文。相比而言，朱自清的文章平易舒缓、悠闲自在；俞平伯的文章则跃动空灵、恰然自得；在朱文中还介绍了秦淮河画舫的大小、装饰等情况：秦淮河画舫有大小之分，大船舱口阔大，可容20～30人，摆设讲究，内置红木家具。窗格雕镂细致；小船，俗称"七饭子"，最出色处在甲板，甲板一部分上面有弧形的顶，两边用的栏杆支着。窗内置有两张藤躺椅，供游客闲坐观景。

知识链接

游 船

沿江河地区常有专门用来载客游览观景的船只，称作游船。游船一般定期或不定期沿一定的水上旅游线路航行，在一个或数个观光地停泊，以便让游人参观游览。我国传统游船多半在内河行驶，如广东珠江的夜航船、神农溪的"碗头角"、杭州西湖的手划船、云南燕子洞的划艇等。

杭州西湖的手划船，俗称"划子"，其船形如西瓜，又名"瓜皮船"。该船风格独特，灵巧便捷，艏尖艉方，长8米，最宽处1.5米，分3舱，前后舱供船工使用，中舱为游客舱，一般置放有两张靠背木椅，可坐6人。中舱装饰精美，两侧雕刻有精美的花鸟与山水画，古香古色。中间另摆放桌子，放置一些茶饮、小吃，供游客品饮观景，甚是惬意。

手划船船舷低，几乎贴近水面。天晴时船上撑起白篷遮阳避风，下雨时套置油布避雨。船首尾各有一位船娘掌桨划水，把握航向，船速可自由控制，快时如箭，慢时如云，上下船亦很方便。泊岸时，只要将船头上类似"缆绳"的铁链往岸上一抛即可上岸了。游船为水上观景平添了无穷乐趣，深受游人喜爱。

20世纪六七十年代以后，随着旅游事业的发展，远洋游船与近海沿海游船业务得到了迅速发展。除具备一般客轮的基本功能外，游船大多还提供专门的观景、娱乐设施和服务项目。

客船

那些以装载游客为主的船舶被称为客船。关于客船，人们很自然就会想起张继"姑苏城外寒山寺，夜半钟声到客船"的诗句，想起那夜半远方客船上淡淡的孤寂与忧愁。客船的类型多样，我国比较典型的客船有太湖吴江船、广东黑楼船、绍兴乌篷船、苏州快船、德清花船、苏杭航船、苏南烧香船、建德茭白船、长兴班唐船等。

客船中的一种很重要的类型便是航船，它常常往返于邻近城市间载客、寄书信及运载货物等。由于江南地区水网密布，水运发达，故而江、浙、沪等地的航船都很有名。航船，也是江南水乡文化的一个重要特色，承载着浓浓的水乡韵味与习俗，因此也与文人墨客结下了不解情结。唐人皮日休在其《古夜航船》中有："明朝有物充君信，携酒三樽寄夜航。"这是诗人在苏州码头送友人陆龟蒙时的唱和诗。明人张岱撰写了一部百科全书类的著作，即冠名为《夜航船》。他在自序中阐明了所取书名的缘由——"天下学问，惟夜航船最难对付"。在明人冯梦龙的《警世通言》和清人吴敬梓的《儒林外史》中对夜航船也有相关描述。当代学者余秋雨在《文化苦旅》中亦有相关叙述："余姚、慈溪等地航船用'笃、笃——'的敲梆声引客去宁波、上海谋生……开航前，船家手持大红灯笼去客栈（旅社）接客。"细腻地描述了船家的揽客方式与服务策略。

航船的类型主要有苏州航船与绍兴航船两种。苏州航船船头微翘，艄高于艏，船篷坚固，可遮阳挡雨。中置桅杆，顺风时可张帆行驶。艄部有艄篷，船艄甲板支一大琵琶橹，两人相对而摇。绍兴船船身狭长，菱形船头，船底尖削。船艏、艄有圆孔，泊岸时可从中插竹篙固定船只。船体颜色分明，上黑下红。船舱分为前舱、中舱、后舱，前二者供载客，后者供船家使用。前艄甲板左右有木桨，后艄搭棚下有大橹各两支。顺风时，船速飞快，故有"挂帆一纵捷于鸟，长兴夜发吴兴晓"之谚语。江苏盐城还有一种头尾高翘，底尖

客船

身狭的小型快船,舱内两侧设长板,可坐 30 余人。

　　航船还有夜航船和快班船之分。夜航船主要是指在邻近县市之间往返的航船,一般路途较远。快班船主要是指在乡村与县城之间往返的航船,供农民去县城赶集早出夜归乘载。绍兴的快班船,俗称"埠船",在鲁迅的小说《彷徨》和周作人的《水乡怀旧》中都有提及。

渔船

　　渔船,主要是指用以捕捞和采收水生动植物的小型船舶,也包括进行水产品加工、运输、养殖等活动的辅助性船舶。

　　我国捕鱼历史悠久,最早可追溯到 1 万~4 万年前的旧石器时代。

　　江南地区水网密布,鱼类资源丰富,捕鱼成为人们的重要经济来源和生活技能。飞快的渔船、鼓胀的船帆、细密的渔网、闪动的鱼鳞、金色的阳光等,已经成为江南地区特有的美丽风景。在沿河、海地区,人们都有着丰富的捕鱼经验,捕鱼方式也多种多样。正如冯梦龙所概括的:"攀灯者仰,鸣榔者闹,垂钓者静,撒网者舞。"其生动地再现了人们捕鱼时的场景。

　　我国幅员广阔,水域众多,渔船的类型也多种多样,从船型分有尖头、平头、半截、平底、敞口船等。内河渔船大都船身狭长,速度迅捷,且富有地方特色,如太湖罛船、江南鸬鹚捕鱼船、扒螺蛳船、皖南轻钩船,江、浙、赣等地捕小鱼的丝网船等。

　　太湖流域境内湖泊众多,面积广阔,渔船种类众多。太湖流域最常见也是最大的渔船便是罛船了,这种船常以桅杆的多少命名。最多的七幅桅杆叫"七桅船",然后顺次递减,称为六桅船、五桅船等。六桅船一般长八丈四五尺,最宽处一丈五六尺,落舱深丈许;中间立三幅大桅,一幅高五丈、另两幅高四丈五尺,船头一幅桅,高约三丈,船梢二幅桅,各高二丈许。因其船体高大,速度

渔船

快捷，能抗风浪，故常在西北水深之处作业，不在潜水区捕鱼，正如诗歌所云："村外村连滩外滩，舟居翻比陆居安。平江渔艇罛皮小，谁信罛船万斛宽。"据史料记载，明清时期太湖罛船分前、中、后舱，后舱可种菜，前舱则可延师教读。船尾系小舢板，供上下岸或出入鱼市鬻鱼乘坐，不同于普通的渔船。

农船

农船是指农用的船只，它是江南水乡的主要生产工具。我国江南水乡地区，水网密布，船型众多，素有"无船路不通"的说法，各种船只尤其是农船成为人们生产、生活的重要运输、交通工具。农船因地方差异而叫法不同，如江浙的田装船、手划船，海宁的荡滩船，江南的水鸭船及南方水域常见的类似木桶的采菱用的菱桶等。

在江浙地区主要流行的农船是田装船。据清同治年间《湖州府志》记载，各种农船大小不等，因这种船日常用来装载农用肥料、罱河泥、扒草灰、运秧苗，故而叫"田装船"。这种船各地名称各异，浙北叫"摇摇船"，浙南唤"四舱"，苏南称"河泥船"等。田装船船体狭长，船头尖削。船舱一般分3舱，亦有4舱的，船艄无木舵，有小木橹和竹篙。这种船船体一般都较小，载货3~5吨，常在浅滩或支流小巷中游走。

手划船制作简单，船体较小，在江南水乡地区十分普遍，故有"家家有划舟"之誉。手划船因以木桨为动力，又称"桨船"。船型细长如柳叶，两头狭小，中间宽，长约4~5米，可容纳5~6人。虽然农船主要用于农用，但在农闲时也可作娱乐消遣之用。清人俞樾在《苏杭杂诗》中吟道："田蚕尚早供嬉娱，绿女红男总不孤。船艉船首相对坐，便知荡桨是儿夫。"青年男女在桨船上嬉戏的场景跃然纸上。

农船船体一般较小，制作简单，行走灵便，吃水浅，在浅水的巷道中也能畅行无阻。农家走亲访友、赶集、农业运输等，都离不开这种船。直到今天，这种船依旧有存于江南水乡的河网中。

货船

以运载货物为主的船舶称为货船，它是水上运输的重要载体。我国水域广阔，货船种类繁多，富有地方特色，传统货船主要包括帆船、漕船、舢板、

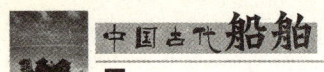

双体船、襄阳的扁子、老河口的光化驳、鄂船乌江子、黄河满篷船、陕西摆子船、甘肃白龙江草蓬船、长江三峡麻秧子船、乌江歪屁股船、嘉陵江舵笼子船、涪江安岳船、岷江出山船、四川毛板船等。

最原始、最简单的船舶是舢板船，又叫"三板"，全船由三块板构成，即两块侧板和一块底板。底板的两端以火烘弯后向上翘，这也就是现代"舢板"船的祖先。现代的舢板船艉部底下有一个方向舵，通常比较大，悬挂于尾部下方。船舱甲板上有一些防水隔板，将船体分成一系列的防水隔间，用于装运货物并防止河水渗进船体。船艉为船家起居做饭区，常被画上一些红色的辟邪图案。舢板制作简单，穿行灵便，故而沿用至今。

渡船

渡船，主要是指往返于江河渡口、海峡、岛屿之间从事短途旅客或货物运输的船舶，是重要的短途渡运工具。按用途来分，有海峡渡船与内河渡船两种；按水域来分，有洛阳黄河古渡船、湘西武溪断尾船、沙市渡划船、钱塘江渡船、京杭运河舢板渡船、闽江下游渡船、闽浙赣山区尖头渡船等；按船型、结构来分，类型多样，包括独木舟、舢板、半截子船、平头船、尖头船、绳拉船、铁皮船等。

各地的渡船因各地水域情形的差异而各有特色。湖北沙市渡划船便是一种具有地方特色的渡船。湖北沙市自古就是长江的交通要道，该地的渡运也历史悠久，沙市渡划船成为当地普通百姓出行的重要渡运工具。沙市渡划船分为长江渡划船与荆沙河渡划船两种。前一种是丫梢划子和刀口划子，载重1~2吨，一次可载客十几人。沙市渡口设上、中、下三个渡口营业点。晚清民国时期，因沙市港没有趸船，因而沙市渡划船很是兴盛。

荆沙河渡船与江浙地区的航船类似。船名为丫梢划子，船体较小，以木桨为动力，一次只能

抗战过黄河的老式渡船

载 5~8 人。荆沙河水面不宽，风浪不大，适合此类渡船安全、快速地行驶。

海船

海船主要是指在国内海疆、近海及国家之间海域进行长途客货运输的船舶，是一种能漂洋过海的万里船。学术界认为沙船、福船、广船与鸟船是中国古代四大海船船型，也有的学者认为前三种船型和乌沙船并称。常见的海船有上海的沙船，福建的大福船、南船，广东的广舶船，浙江舟山鸟船，浙江乌沙船、蜓船，以及浙、闽、粤地区的鸟船等。

中国海船因船型不同而形式各异，所航行的海域亦有所限制。一般来说，平底的沙船多航行于北方水域，尖底的福船、广船多航行于南方海域及东南亚、南亚等地区。

沙船的历史十分悠久，其前身可上溯到春秋战国时期，到了明代才改称为"沙船"。由于沙船是一种古老船型，且发源长江口及崇明一带，上海市标中就有沙船的模型。沙船外形特征为宽、大、扁、浅，方艏、方艉，平底、多桅、尾有出艄。沙船性能优良，顺风逆风均能行驶，船身较宽，行驶平稳，速度快，吃水浅，既能坐滩，在风浪中也安全，在内河和海域中都可行驶。

当然，沙船最主要的特点还是能逆风行船，即逆风斜行，轮流换向，走"之"字形路线。缺点是逆风行驶易偏航向，故而在船中部两侧各设一块水板，又称腰舵，如同第二把木舵，以利于船行稳定，调整航向。

福船适用于远海航行，船型呈"V"形，艏尖艉宽两头翘，两舷外拱，船身呈马蹄型，船底纵向设有龙骨，吃水深，利于破浪航行。福船有宽平的甲板，舷侧用厚木板加固。造船用材主要为福建产的松、杉、樟、楠木。有些福船在艏、艉、舱设有活水舱，满载水线附近凿有孔洞，又称"浮力舱"或"防摇舱"。活水舱可通过控制海水的进出以增加船只的稳定性。

福船的帆，既在桅杆顶部使用头巾顶，还于主桅两侧增加帆，称为"插花"。底部加帆，称为"篷裙"。其功用可从1832年《厦门志》所载看出："头巾顶，以布数十幅为帆，张大篷顶上，若头巾，能使船身轻。插花亦以布帆，张大篷两边，遇旁风，使船不敧侧。"

广船一般在广东省的广州、茂名、琼州、惠州、潮州等地制造，造船材料多为铁梨木、樟木和荔枝木。广船的船型特点是艏尖体长，吃水深，梁拱小，有较好的耐波性。船体以密距肋骨与隔舱板构成，并以坚实的龙骨和大楔纵向加固。广船使用首插板和底插板，首插板起减摇和稳定航向的作用；底插板深过龙骨，有利于抗横漂。广船还在舵叶上凿有菱形小孔，使操纵时省力，又不影响舵效。广船多帆少桅，一般在大帆或头帆的顶部、底部和两侧增加帆。广船坚固结实，具有较强的抗风浪能力，适合负重远航。

鸟船是明清时期浙江、福建、广东沿海的一种小型快船。鸟船因头小身肥，船身长直，篷长橹快，行驶灵活，船行水上，有如飞鸟而得名。又因船眼（船头两侧绘有醒目的鱼眼）周围至船头全涂抹成草绿色，犹似绿色眉毛，故又称"绿眉毛船"。鸟船有结构坚固、型线优美、稳定性好等优点。船艏呈"V"形，船头如鸟嘴，尖削，艏艉高翘，船底向内微凹，船舷略呈圆弧形，舷樯高，以风帆、木橹为动力。鸟船有三道桅樯，主桅高大，桅顶有用红布剪成鱼形的"风向鸟"，俗称"桅花"，其为预测风向之用。

20世纪70年代，由于船用内燃机的发明和推广，传统帆船逐步消失，至20世纪90年代，中国沿海地区传统帆船几近绝迹，只有个别内陆地区可以寻觅到传统帆船的踪影。

战船

战船，主要是指战时进行作战或防御所用的船舶，被誉为"水上雄狮"。独木舟诞生后，人类根据生产和生活的需要，又学会用更多的木头建造更大

战国大翼战船

的船舶。而当人类进入阶级社会之后,随着战争的出现及战争由陆上蔓延到江河湖海后,专门用于水上战争的船只就从普通船舶中分化出来,并经过不断发展形成了古代战船。

中国古代战船历史悠久,早在周朝时就有关于水战的记录。据《左传》记载,公元前485年,吴"徐承帅舟师将自海入齐",这是历史所记载的中国舟师的第一次海上军事行动。此时的战舰种类及形制已相当齐备。此后,中国战船的制造随着时间的推进而不断发展,技术上不断趋于成熟,设计上不断趋于灵巧。

古代战船主要发源于中国和地中海地区。公元前16—11世纪,我国商代就已将舟船用作军队的运载工具。公元前1027年,周武王就率兵车300乘,近卫军3000人,甲士4.5万人,并联合了一些其他部落的军队,大举伐纣。参战部队由47艘大船运送,在孟津渡河,直捣商朝都城朝歌(今河南淇县),灭亡了商朝。这次渡河作战,组织严密,规模空前,派有专人指挥舰只。但这些船只毕竟是临时征集的,没有专门用于水战的兵器和人员,因此还算不上是真正的战船和舟师。

公元前1200多年前,最早的单层桨战船出现于埃及、腓尼基和希腊地区。公元前800年,单层桨战船开始装上青铜铸造的船艏冲角,用来进行海上战船间的撞击战。公元前700年,在腓尼基和希腊等国造出了两层桨战船。公元前550年,希腊最先造出三层桨战船。它长40~50米,排水量约200吨,有170枝桨,划桨时航速可达6节,顺风时可以使用风帆。主要武器为舰艏冲角,载有18~50名进行接舷战的战士,战士携带有矛、剑、弓、标枪和盾牌;无武装桨手170人。此后,三层桨战船成为地中海沿岸各国海军舰队的主力,并持续了十几个世纪。

在我国的春秋时期,即约在公元前6世纪中期,为了适应水网地区作战的需要,南方的吴国、越国、楚国和北方面临东海的齐国,都先后建造和改装了战船,并抽调官兵进行水上训练。至此,中国古代海军便应运而生了。当时吴国舟师中的战船有大翼、中翼、小翼、突冒、楼船、桥船等,还出现了专用的水战器具"钩拒"。公元前206—25年的西汉时期,中国战船的造船技术进一步提高,其性能已逐步赶上和超过了当时的地中海国家,并一直保持到15世纪中期。中国战船是当时世界上最大、最牢固、适航性最好的船舶。公元220—265年我国的三国时期,吴国水军曾拥有5000艘战船,其中大型楼船设楼五层，可运载士兵多达3000名。公元3世纪20年代的西晋初期，王濬为准备伐吴而建造的连舫战舰，长120步，上面有楼橹，开四门，能驰马行车。公元588—589年隋灭陈时，杨素所率最大的战舰"五牙"舰，设楼五层，可容士卒800人，前后左右设有六具"拍竿"。"拍竿"是利用杠杆原理高悬巨石，在接舷战中用来拍击敌船，是一种威力很大的冷兵器。公元618—907年的唐代，造船技术获得进一步发展，制造了能在较大风浪条件下航行战斗的"海鹘"号战船。李皋发明的车船（亦称车轮船、轮桨船），行动便捷，可视作后来机械明轮船的先驱。公元960—1279年的宋代，中国战船已普遍采用了水密舱壁技术，提高了不沉性。公元1000年，神卫水师队长唐福曾向朝廷献上火箭、火球、火蒺藜等燃烧性武器。1130年，在么起义军大量使用的车船中，最大的长约110米，装有24个车轮和六具"拍竿"，可载士兵1000余人。1203年，秦世辅造的载重约60吨的"铁壁铧嘴平面海鹘"战船，舱壁装有铁板，是装甲船的祖先。船艏装有形似铧嘴的犀利铁尖，用以在水战中冲击并犁沉敌船，具有比冲角更大的破坏力。

古代战船的发展经历了桨帆战船和风帆战船两个时期。桨帆战舰船体结构为木质，船型较瘦长，吃水较浅，干舷较低，主要靠人力划桨摇橹推进，顺风时辅以风帆。桨帆船装备冷兵器，作战时多采用撞击战和接舷战，主要局限于内河、湖泊和近海航行作战。直到后期，古代战船才开始配备燃烧性火器。

14世纪，我国发明了世界上最早的金属管形火器——火铳。据历史学家考证，在明洪武十年（1377年），我国战船已普遍装备火铳，从而开始了战船武器从冷兵器、燃烧和爆炸性火器向火炮的过渡。

我国战船从桨帆战船向风帆战船的过渡，整整持续了数个世纪。风帆战船的船体也为木质，吃水较深，干舷较高，艏艉翘起，竖有多桅帆，以风帆为主要动力，并辅以桨橹。与桨帆战船相比，风帆战船的排水量、航海性能、远洋作战能力均有了较大的提高，前装滑膛炮是它的主要武器，其作战方法主要是双方战船在数十米至千米距离上进行炮战，并辅以一定的接舷战。我国明代航海家郑和率领的庞大船队曾七下西洋。他所乘坐的最大的"宝"船，长约137米、宽约56米，有九桅12帆，装有火铳多门，其各个方面都为当时世界上的风帆海船之最。

从时间与技术演变来看，有用人力踏动快速前进的车船；有高大威猛、攻防兼备、多层舱室、外形似楼的大型战船楼船；有模仿海鸟而创制的具有良好

第二章　船舶的类型与行驶工具

稳定性的适应海战要求的"海鹘"战船；有水陆通行，上岸作战时安装轮子的水陆两栖战船；有舱底无底板，待诱敌登舰后可自动控制两舷站板上下翻动以使船沉水的无底船；有两头有舵、进退神速的"两头船"；有以前装载爆炸物后者推动的引燃爆炸连环舟；还有艨艟、斗舰、"走舸"、"游艇"、乌艚船等。

鸦片战争后，随着西方先进技术的引进，我国战船开始逐步近代化，使用机器动力，战斗力获得极大增强。新中国成立后，由于建设现代国防的需要，我国战船体系有了翻天覆地的变化，我国自行研制生产或引进改造了大量现代的各种高科技战舰。

知识链接

文体娱乐船

文体娱乐船，简而言之，就是指那些非生产运输用途的船舶，其多用于水上休闲与竞技，也就是说它是人们进行文化交流、体育竞技、娱乐消遣等精神追求的手段与工具。文体娱乐船种类繁多，包括湖州销售湖笔所用的笔舫，湖州售书所用的书船，湖州南浔演戏所用的沙飞船，湖州存清明节前后供武师打拳比武、杂耍表演所用的打拳船，江南京杭运河沿岸在每年清明或立冬后进行"赛船会"所用的踏板船，端午节时江南广大水域地区进行龙舟比赛所用的龙舟等。

文体娱乐船与平常的船只并无什么不同，多半是把合适的客船、农船、货船等加以简单的改造、改装，以适应各种精神文化活动的需要。如龙舟古时是一种船体狭长的木船，速度快捷，但容易倾覆。人们认为是水中的龙在兴风作浪，故而把木船改称"龙舟"，以龙制龙，以龙会龙，龙就不得不讲个"交情"。木船改称龙舟，虽然船体尖削，艏艉高翘，船体光滑，易于减少前行的阻力，同时排水量增多，速度快，稳定性也相应增强，因而在风浪中穿行看上去似乎很危险，但实际上却相当安全。

第二节
船舶推进工具

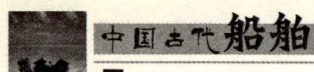

篙：最早最简便的推进工具

篙是一种最简单的推进工具，通常为一根长竹竿或木棒。近代人为了避免篙头被磨损或破裂，常在篙的下端安装铁箍、铁尖和铁钩。篙的制作简单，使用也十分方便，最适合于浅水河道和近岸航行的船舶。一般利用篙撑水底或岸边物体，按照力的作用与反作用原理，使舟船向用力的相反方向前进。

在《释名·释船》中称："所用斥（撑）旁岸曰交（篙）。一人前，一人还，相交错也。"所说的"交"即篙，由长竹竿或长小杆构成。篙是出现最早的、形制最简单的推进工具，它与筏几乎同时出现。篙的实用价值在于通过撑水底或岸边物体，依据力的作用与反作用原理，使舟船向用力的相反方向前进。为了便于用篙撑船，船的两侧一般都备有撑篙用的走廊，这是我国船舶结构的独有特征。为了延长船篙的使用寿命，后来的船篙通常在篙头的下端包上铁制的尖篙头，有的还装有用来钩住岸边物体的铁钩，以便船舶靠岸。

篙的种类较多，按篙的形状和用途不同，篙有挽篙、独钻、叉篙、钩篙和桡板篙之分。

桨：最实用的划水工具

桨是一种最实用的划水工具。上端为圆杆，利于手握，叫握杆；下端为板状，名桨板，用以拨水，利用了物理学上的牛顿第三定律，通过水波的反作用力使船前进。

第二章　船舶的类型与行驶工具

我国是舟和桨的发源地。在1万多年以前的河姆渡文化的新石器时代，与独木舟出现的同时，桨也应运而生，并且迅速成型。当时的桨与今天的桨差别很大：握杆比较短，桨板又窄又长。经专家考证，这是因为当时人们的划桨方式与今天相比有很大差别，那时的人们是一手握着握杆，一手把着桨板来划船的。不过，那时的桨已经做得很规整，很美观，而且还带有漂亮的雕花图案。后来桨有了进一步发展，不仅其长度有所增加，其数量也越来越多。桨越多，船行速度也越快。从出土的汉船模型

浙江省余姚河姆渡新石器早期遗址中出土的船桨

看，当时一般木船都有5桨、10桨，最多的甚至达到了16桨。

到了春秋战国、秦汉两朝，随着海军的雏形"舟师"的发展，以及皇帝们为寻长生不老药而多次发动的"东渡"活动，促进了桨的发展。桨逐渐趋于大型化，握杆变长，桨板缩短变薄，用起来更加方便、有力，加快了水上航行的速度。晋朝以后，桨在外形上已经基本定型，只是体积和表面积仍旧在不断加大，用桨的规模也逐渐变大，由原来的一舟二桨发展为"一舟（此时的舟体积已经比较庞大了）桨叠层"，就是用上下两排桨。一些精密的控制桨划动的机器也因此应运而生。

如今，大型的木船已经绝迹，与此同时，桨也逐渐退出了我们的视野。现在的桨主要流行于在各种游船上，带给游客以一种古典别致的韵味；此外，奥运会上还保留的独木舟比赛。不过，比赛用的桨是经过精心设计的，用材、比例等均与我们在游船上见到的仿古桨有很大区别。

橹：键橹飞如插羽翰

橹是船舶的一种推进工具，它是在舵桨的基础上发展演变而来的。舵桨加长后操作方式从"划"演变为鱼尾式的"摇"，就产生了中国特有的"橹"。橹的发明极大推进了造船技术的发展。

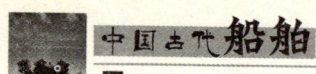

古代又称"橹"、"艣"。《释名·释船》云:"在旁曰橹。橹,旅也,用旅力然后舟行也。"橹,既有推进舟船前进的作用,又兼具掌控方向的功能。它由舵桨发展演变而来,舵桨的操作方式从"划"变为鱼尾式的摇动,从而经历了由桨到橹的质变。橹的特点是摇,支在首尾或船侧的支架上,利用杠杆原理,通过橹板的左右摆动形成的两侧水的差异,推动舟船如鱼儿摆尾般向前行进。橹是桨的进化形式,其功能有了进一步增强。它使桨的间歇性划水变成连续性划水,提高了功效,因而古代有"一橹三桨"的说法。橹不像桨那样每次要提出水面,减轻了划船的劳累,使划船更轻快,因而橹的快捷又常被形容为"轻橹快于马"。陆游更是用"键橹飞如插羽翰"的诗句形容用橹摇动舟船的飞快性。

航行技术的发展也反映在橹的位置、大小与数量的变化上。从文献来看,在东汉时期橹一般设置于船舷两侧,后来逐步演变为设置在船尾;从大小来说,原始的橹一般 1 人即可操纵,由于舟船船体大小的变化,后来的橹发展到由 2 人、6 人,甚至几十人来摇;而橹的数量也是一个重要依据,橹也经过了由 8 橹、10 橹,最多达 36 橹的变化。元代阿拉伯人伊本·拔图塔在《游记》中描述中国船上的像桅杆一样大由 15 人摇的橹,而有的沙船有 20 支橹,由 30 个人面对面往来摇动。

除了推船前进外,橹还可以用来操纵船转弯,因而自从诞生以来就得到了广泛应用——不但在内河船舶中,在海船的航行中也得到了一定使用。橹这种推进工具要比划桨优越,它是一种连续性的推进工具,而且具有操纵船舶回转的功能。英国有专家认为,欧洲人看到中国人使用橹后受到启发,才发明了螺旋桨的。英国专家的说法是有道理的,螺旋桨不间歇地做旋转运动的叶片,与在水中滑动的橹板十分相似。

即使是今天,在我国"江南水乡"及一些偏远山区的河溪之中,橹在船舶的推进中仍然担负着重要的角色。

帆:孤帆远影碧空尽

1. 帆的起源

水上行船免不了要同风打交道,风大浪急,可能会翻船;从船尾方向刮

来的风，会使划行省力，并且加快航行的速度；可是顶风行船，不但费力，而且速度也慢。风对行船有弊也有利，能否利用风的有利方面，减少弊害，甚至变弊为利呢？

人们经过对日常生活和自然界的观察，发现物体所接受到的风力大小是跟物体的受风面积成正比的。也就是说，物体受风面积越大，所接受到的风力也越大。因此，要有效地利用风力来推动船只前进，就必须想办法增加船只的受风面积，来加大风对船只的作用力。经过人们长时间的摸索，终于发明了帆。正像李白在《行路难》诗中说的"直挂云帆济沧海"那样，帆成为人们在水上乘风破浪航行的得力工具。

《河工器具图说》中悬挂梯形针帆的帆船

帆又写作颿，有时"篷"字也用来表示船帆。我国发明帆的确切时间现已无从考证，但是我国使用帆的历史至少已有3000多年了。在商代遗留下来的甲骨文中，就经常能够发现帆的文字，这些文字写作Ⅱ、日等形状，好像张开的帆。从甲骨文关于帆字的字样，我们可以推测早期的帆是属于固定装置的方形帆。固定装置的方形帆制作简单，但是它只能有效地利用从船尾方向吹来的风，就是顺风，而对于来自两舷前方或两舷侧向的风力却无法利用，而且因为增大了侧向受力，航行困难，甚至会翻船，反而有弊；对于逆风更是有弊无利，只好收帆了事。这时，人们还只能利用顺风，也盼望着顺风，久而久之，"一路顺风"、"一帆风顺"便成了对出外旅行者的良好祝愿，这种传统一直沿用至今。

2. 帆的演进

虽然早期的帆不尽完善，但是它毕竟标志着人类对一种自然力——风力的成功利用，正如东汉刘熙在《释名》中所说："随风张挂帐幕叫做帆，能够使船只快速前进"。帆的利用，大大减轻了航行中繁重的体力劳动。因此，帆

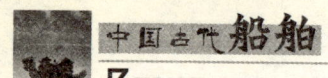

的出现在水上航行史上是一件意义重大的事。从此，人们在利用风力的道路上不断前进，帆的结构和性能也逐步得到改进和完善。

最早的帆可能是方形的，而且是正装式样，固定在船桅上，因此只能利用顺风，要求一帆风顺。但是自然现象是纷繁复杂的，风向也是飘忽不定的，一帆风顺的机遇比起侧风、斜风、顶风等来要少得多，因此正装方形帆对风力的利用有很大的局限性。于是，人们就逐步改变了帆幕的装置方式，首先是使两边对称的正装方式改变为两边不对称的斜装方式。这种不对称的斜装方式，由于两侧的受风面积不同形成一个压力差，可以接受侧后方的来风，推动船只前进。以后，更发展成为性能良好的中国式梯形帆。

帆的装置也在演化过程中逐步改进。人们通过帆索结构的改进，使原来只能作固定方向张挂的帆幕可以随着风向的改变而变化张挂方向。因此，帆从只能利用顺风或侧后风逐步发展为"风有八面，唯当头不可行"，并且进而发展到能够"船驶八面风"。

随着造船技术的发展，为了更有效地利用风力，人们相应增加了船桅和船帆的数量，从单桅船发展为双桅船、三桅船、四桅船，甚至五桅以上的多桅船。在我国宋元时期的海船中，一般都是三四桅，在一根桅上还经常挂有多张帆幕。帆幕既有利用顺风的方形帆，也有利用其他风向的梯形帆。在风小的时候，还在桅顶高处设置"野狐𩗗"（俗称"头巾顶"）用以招风，在沿海便流传有"头巾顶可以提吊船身"，使船行轻快的说法。徐兢在《宣和奉使高丽图经》中所描绘的客舟上，就有"大桅樯高十丈，头桅樯高八丈，顺风的时候张挂50幅帆幕，风稍偏的时候就使用'利篷'，像鸟翼左右张开，以利用风势。大桅樯的顶部另外还有小帆幕10幅，称作'野狐飘'，在风停息的时候可以用它来招风。"为了观测风向，在桅杆顶端一般都设有三角形小旗——"定风旗"，从而可以由风旗飘扬的方向来判断风向。

增加船帆的数量，在一根桅杆上挂多面帆幕，可以更充分地利用风力。但事物总是具有两重性，在船帆增加的同时也增加了甲板上桅、绳结构和操作的复杂性，加重了船工的劳动。如果遇到风暴突然袭来，时间紧迫来不及收帆的话，就有折桅翻船的危险。因此，自15世纪以后，我国帆船的风帆逐步简化，一般是一桅挂一帆，只是采用加大帆幕面积的方法，使它既能充分利用风力，又方便操作，节省劳力。

人们还创造了一些有效的装置来控制帆的升降。一般的大船桅顶都装有滑轮，在甲板上设有绞车，利用帆绳把滑轮跟绞车连成一个系统，升帆的时候只要转动绞车，利用滑轮作用就可以很轻快地把船帆张开。收帆的时候只要利用帆的自身重量，或仍利用绞车就可以很容易地把帆收起。

3. 平衡式梯形斜帆

"水国无边际，舟行共使风"，各个国家在古代都曾经利用风力来行船，但不同国家的船帆都具有不同特色，中国的船帆也有自己鲜明的特色。李约瑟认为，"最具有中国特征的船帆，是属平衡（用横条）加强的梯形斜帆。"历史事实表明，平衡式梯形斜帆是我们祖先的一项重要发明创造，在古代世界中是一种性能最优良的船帆。

用竹条平衡横向安置在帆幕上，成为横向的加强材料，是平衡式梯形斜帆的最大特征之一。竹制横条的两端固定在从横桁向下悬吊的帆幕缘索上，构成一个升降自如的帆架结构。帆幕织物用绳索编结在帆架的周边和每根竹条上，使帆幕极为平整，收到最佳的受风效果。这种帆具有如下优点：

首先，我国的竹子资源十分丰富，各地均有种植，取材容易。竹子的自重轻，不会使帆架过重，又有很好的韧性和强度，能够经得住大风的吹刮，不容易折断。因此，可以说这是一项既经济又实用的设计和创造，反映了我们祖先的高度智慧和才能，也是我国对水上航行事业的重大贡献。在其他文明古国中，还没有采用过竹子这种廉价材料和优良结构的船帆。

其次，由于有横向的加强材料，而且每根横条的间隔不大，因此对帆幕的强度要求不高，竹叶和其他植物叶子都可以编织成帆幕，不必像其他国家那样必须要用强度比较高的织物来做船帆。这种帆架结构还可以防止帆幕被撕裂，而且即使是帆幕上有许多破洞，也仍旧可以收到良好的受风效果。

再次，由于每条横竹上都有绳子系结，使整个船帆可以折叠——既能够整幅折叠，也可以作梯级性缩折，桅顶又有滑轮跟帆索结成一个有机整体，因此升降快速方便，帆的张挂程度还可根据风力大小和航行需要来调整。就像宋应星在《天工开物》中所说："当调节得准确顺当又遇到顺风的时候，把帆挂到最顶端，船行就快得像奔马。但是如果风力不断增大，就要逐渐减少帆叶。风很猛的时候，只带一两叶就足够了。"不像其他国家的船帆，要么全部张挂，要么全部收起，而且张、收都得靠人爬上桅杆去作业，既危险又费力。

这种优良的帆结构，极大促进了船体结构的完善和航海性能的提高。李

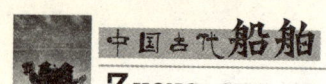

约瑟评价说："在人类利用风力来推进船舶的各项首要成就中，中国的平衡式梯形斜帆确是名列前茅的。"

4. 帆幕的构成材料

帆中有"布飘"和"利篷"之分，这是由于帆的构成材料不同而出现的名称差异。

在北宋之前，所谓的"布"还不是指现在用棉纱织成的布。当时，我国的棉花种植并不普遍，棉布是一种高贵的奢侈品，只有皇室和达官贵人才有少量的棉织物，民用织物一般都是麻织品。因此，布帆应该是指用麻布做的帆。当然，统治者为了炫耀自己，在官船上的布帆也有用丝织品制作的。南宋以后，由于棉花种植日渐推广以及棉纺织业的兴起和发展，棉布的使用日益普遍，棉布才逐渐成为船帆的制作材料。

在中国古代，帆幕一般是用竹叶、篾片、棕榈枝叶以及芦苇等天然植物原料编织的席篷。晋木华的《海赋》中有"于是候劲风，揭百尺，维长绡，挂帆席"的句子，帆席就是用席做的帆。宋陆游的《剑南诗稿·舟中作》有"蓬蒛作帆三板船"的诗句，蓬蒛就是用苇或竹编成的粗席。海船因为海上风浪大，对帆幕的韧性和强度都有较高要求，所以大都是用竹篾编造的。宋应星在《天工开物》中记载，"风帆是用篾片编织的，每编成一块就要夹进一根带篷缰的篷挡竹做骨干，一块一块折叠起来，等待需要用的时候悬挂。"这说明，直到明朝，用竹篾编成的船帆还在普遍使用。

尽管在我国史籍中有不少关于竹帆的记载，但一直没有关于帆的实物考证，直到近年来，在对古船的挖掘工作中出土了竹帆的残片，才填补了实物方面的空白。1974 年，在泉州湾后渚宋朝海船上曾经发现有六角形的竹编。1982 年，在泉州法石的宋朝海船上，又发现了较大面积的竹帆残存，为人们提供了宋朝竹帆的珍贵实物样品。这些竹帆残存物呈多幅折叠，大致是处在收帆所叠的状态，它的表面是六角形竹编，是用 6 条篾片编织的，篾片宽约 0.5 厘米，厚 0.1 厘米，编织细致工整。竹编中间夹铺竹叶，两边用直径 2 厘米的竹管封边加固。在竹帆上夹缠着麻织绳索，绳索分粗细两种，都由两股拧绞而成，非常结实。细绳是为连结封边竹条跟竹编所用，粗绳每股中都夹有一条宽约 0.3 厘米、厚小于 0.1 厘米的藤皮或竹皮，用来增加强度，大概是用作帆索的。竹帆实物的发现，更加有力地证明了我们祖先利用自然界植物造帆的高超技能。

桅：张帆驭风

桅又称"桅杆"、"樻"、"檣"。那些竖立在船上用以挂帆的粗木杆就是桅，有桅才有帆。《释名·释船》中称："前立柱曰桅。桅，巍也。巍，高貌也。"这说明汉代时已有桅的名称了。

桅的历史同帆的历史一样久远，从"禹效鲨制帆"的传说来看，我国早在上古时期就已经出现桅了。至汉代，造船业非常发达，已出现多桅多帆的先进造船技术与航海技术了。三国时期造船业进一步发展，据三国时万震《南州异物志》记载，汉朝船舶出现四帆，而三国时期船舶已出现七帆。北宋李兢在《宣和奉使高丽图经》中对当时舟船的桅帆情况有所描述——"大桅檣高十丈，头桅檣高八丈，顺风的时候张挂五十幅帆幕"，当时多桅多帆的状况可见一斑。随着船体的增大而采用增加多桅多帆的同时，为了确保船的稳定与安全性，桅的高度逐步降低。古代多用质轻而富有弹性的圆杉木制桅，此外，杉木还具较强抗折性与防腐性。桅木长度不足或因故折断时，可以纵向搭接或用铁箍紧固。明朝后期船材紧缺，制桅多采此法，明代陈侃《使琉球录》有"桅木以五小木攒之，束以铁环"，说明当时有些桅木就是用铁环加固小木搭接而成的。

舵：大海航行靠舵手

1. 从划船到舵桨

船舶在水中航行，单靠水流或风力是难以达到目的的。航行中遇到浅滩或礁石，如果不绕行，船舶就会搁浅或触礁。因此，在航行中最重要的便是准确地掌握和控制船舶的航行方向。

在航行的初期，由于船只比较小，一般是利用篙、桨来直接控制船行方向。这只要用改变篙撑持的方向，或变换桨的划行方向，就可以很容易地做到。也就是说，篙跟桨既可以作为推进工具，也可以作为制导方向的工具。但是，随着船只的活动范围扩大到深水区域，篙用不上了；而船只体积增大，桨的数量增加，需要许多人来划，大的桨得几个人才能划动，这时候桨要同时负有推进和制导方向的职能，操纵起来就很不容易了。于是，桨被分成两种，一种专管划行，一种专管控制方向。专管控制方向的桨称为舵桨，它的位置逐渐从船舷移到船尾中央，成为尾桨，操纵方向也逐渐从划动改变为不离开水面的左右摆动。后世的导向装置——舵，就是由此演化而来的。

专管控制方向的舵桨，大约在 3000 多年前的商朝就已经开始使用。在甲骨文中，有攺、肢字，《说文解字》解释为"象舟之旋"。这意味着它是使船改变航向的工具，可能就是关于舵桨的记载。1974 年在湖北西汉墓中出土的木船模型上有 5 支长桨，都有桨叉，其中 4 支在前侧，作为划桨用，另 1 支在靠尾部的舷边，作舵桨用。随着专管控制方向的舵桨的出现，它已不需要划水的性能，因此它的外形和性能也逐步改进。1955 年在广州西汉末年墓中出土的木船模型上，跟划行用的长桨不同，舵桨的形状已改成桨翼短而宽。这样，就增大了桨翼伸入水中的面积，提高了其控制方向的性能，可以更有效地控制船行方向。

尾舵桨虽然已经可以比较有效地控制航行方向，但是它还存在一些重大缺陷——例如，尾舵桨长长地伸在船尾的后面，在狭窄的航道或靠岸的时候就不容易操纵。又如，大型船舶的桨翼也要扩大，操纵起来很费力，尤其是遇到大的风浪时，操纵就更困难了。因此，人们进一步改进了舵桨的形状和安装方式，才终于产生了真正的舵。

2. 舵的问世

舵在古代典籍中，又写作柁、柂，也写作杝。舵的问世时间，现在尚没有定论。但是，从 1976 年广西贵县罗泊湾西汉一号墓中出土的一铜鼓上，刻有一龙舟竞渡纹饰，该舟已有舵和木桩，而且比较成熟。1983 年广州西汉南越王墓出土的一个铜提筒上，也刻画有带船尾舵的龙舟图案。这是现知最早的关于舵和桩的图像，由此可以推断，舵应该在公元前 2 世纪时就已经发明了。东汉刘熙所著《释名》一书的"释船"中记载："船尾后的装置称为舵。舵是拖的意思，在船后可以看到它拖在船尾。舵帮助船只，使它顺着航向行驶，不会

复古老舵

偏离航向。"南朝的《玉篇》也说，舵是使船沿正确方向航行的木制设备。史书中并没有明文记载东汉时期的舵的式样，但是1955年在广州近郊的一座东汉墓中出土过一只陶制船模型，船尾有一支舵，向我们提供了早期船舵的珍贵实物资料。这已是一支真正的船舵，舵面呈不规则的四方形，面积比较大，跟船尾舵桨已经没有相似的地方了。舵杆用十字状结构固定，从船尾斜伸入船的后方，表明这是一种轴转舵的装置。在舵杆的顶端有个洞孔，可能是用来安装舵把的。它应用杠杆原理，只要转动舵把就可以使舵面偏转，调节、控制船行的方向和路线。在舵面的后部也开了个洞孔，可能是靠岸的时候用来悬吊船舵的。这些，反映了当时已经有相当成熟的船舵装置了。

3. 舵的改进

早期的舵柱斜伸出船尾，在船后形成一个比较长的凸出，不利于航行。为了弥补这个缺陷，人们对舵的装置作了改进，把舵柱从船尾斜伸出改为垂直伸进水中；舵面跟舵柱的连接位置，也由舵面中部移到边上。这种舵称作垂直舵。

我国船舶独特的尾部结构，正好便于垂直舵的装置。在某种意义上也可以说，正是中国船舶独特的尾部结构导致了垂直舵的产生。中国的船舶一般都是首尾起翘的，特别是尾部起翘得更厉害，而且一般在尾部后端边缘呈弯月形，两舷的大橳（两舷前后纵向通材的称呼）突出船尾，不密封，成为安装垂直舵的理想地方。后来，就在尾端修建用来操纵船舵的舵楼。

由于航线上的水有深有浅，为了能够依据水的深浅随时调节舵的高低，便出现了可升可降的升降舵。停泊的时候还可以把舵吊上，放置在舵楼中。大型船舶的舵是很大的，例如明代郑和下西洋所用的宝船的舵，舵杆长达11.07米。这样大的舵，单靠舵工来提拉升降是不可能的，因此在舵楼上安装了辘轳，用来升降船舵。一般的大船都有几个舵。例如，宋朝客舟就有大小两个主舵，根据水的深浅交替使用，同时舵上还有副舵，供海上航行的时候配合主舵控制航向。又如明朝陈侃出使琉球的海船上设有4副舵具，其中3具是备用的，以防不测。海上航行遇到大的风浪，还可以把大主舵放到船底下，因为那里的水流不受船尾所产生的乱流和漩涡的影响，既可以提高舵的效能，又可以减弱船舶的横向漂流，起到稳定船身的作用。

宋朝以后还出现了平衡舵，就是把一部分舵面积分布在舵柱的前方，可

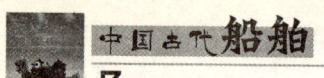

以缩短舵压力中心对舵轴的距离，减少转舵力矩，操纵起来更加轻便。同时，还为舵面做成能够增大舵面面积的扁阔形状，以提高舵控制航向的能力。另外，中国古代还发明了一种开孔舵，就是在舵面上打许多小孔。这样，不但转舵省力，而且由于水的表面张力的作用，又不影响舵的性能，真是一种别具匠心的发明。

知识链接

舵的作用原理

《天工开物》中这样论述了舵的作用原理："舵阻挡水的力量，它的作用范围到船头为止。这样，在船底下好像有一股很急的顺流，船头不用约束就能摆正，奥妙无穷。舵上用作操纵的舵柄，叫做关门棒。想要船向北驶行，只要把关门棒向南扭转就行了；想要船向南驶行，只要把关门棒向北扭转就行了。"这段论述基本上符合现代的力学原理。

舵的作用原理同桨是有区别的，桨是通过划水所产生的反作用力来推动船只前进的。舵不划水，但是当船舶航行的时候，船尾所产生的水流会在舵面上形成水压——舵压。由于舵压的作用，船舶就会改变航行的方向。舵压虽然很小，但是因为它跟船的重心距离比较大，所以使船转动的力矩就比较大。根据杠杆原理，它能有力地推动船舶转动，即使是满载的大船也能转换方向。如图所示，前进中的船，向左转动一个舵角 θ，舵面上受到水流的压力（舵压）P，P 跟船的重心 G 就形成一个力偶，把船尾推向右方，船首就相应地转向左方了。

由于舵的这种制导航向的性能，所以宋朝周去非在《岭外代答》中称它"就像在悬崖峭壁的险恶地方用一根丝牵引着千钧重物一样，真是凌驾在波浪上前进的珍宝啊！"

4. 舵对世界航海事业的贡献

舵最早是在我国出现的，舵的发明和使用是我国在造船和航海技术方面的重大成就，对世界航海事业的发展有着不容忽视的影响。

大约到 10 世纪，舵开始出现在阿拉伯地区。欧洲直到 12 世纪末、13 世纪初才开始使用。李约瑟用比较的方法对中外古代的用舵历史进行了研究，认为"中国的发明，在 10 世纪末叶以前已经被引进阿拉伯文化区域"。欧洲使用的舵可能是 12 世纪十字军第二次远征的时候引进的。

舵在欧洲的引进和使用，奠定了 15 世纪大航海时代到来的基础。欧洲 15 世纪的航海冒险事业，如果不使用舵，是很难进行和取得成就的。欧洲的学者在研究航海冒险事业和葡萄牙所取得的成功的时候，有人提出："葡萄牙人在航海事业上的成功，是由于科学……在船舶中以及在驾驶这些船舶的方法中，他们作了一系列的技术改进。其中最重要的，要算转轴、绞链舵和航海罗盘……如果没有这些装备，可以肯定地说，葡萄牙人的各项发现将是不可能的。"另有人指出：尾柱舵扮演了非同寻常的决定性角色。由于这种船舵在中线上所处的位置，以及在这个位置上转动，就是使船舶的中线方向跟风向之间保持一个固定的方位角，所以在阴天里仍旧可以稳定地保持航向。舵的出现，使远洋航行成为可能。

特别值得指出的是，类似我国宋朝使用的平衡舵，在欧洲要到 18 世纪末、19 世纪初才开始采用。而且平衡舵的采川，至今仍是船舶设计中降低转舵力矩的一个最普遍、有效的措施。

披水板和中插板

披水板通称橇头，又称副舵、腰舵，也称作浮板或下风板。

披水板装置在船舷的两侧，当受到侧风或斜风吹刮的时候，在下风方向放下披水板，可以削弱横向的推力，减少船只横向漂流和偏移。宋朝的《武经总要》中在谈到海鹘船的时候说："船舷的左右两侧装置浮板，形状就像海鹘的双翅一样，起稳定船只的作用，即使遇到狂风怒涛，也不会有倾覆的危险。"明朝宋应星的《天工开物》也记载："船中间的大横梁伸出几尺，以便插进腰舵，这些都是相同的。腰舵的形状和尾舵不同，它是用宽木板砍成刀形，插进水里，并不转动，只是起平衡船身的作用。"也就是说，披水板的装置，有利于船舶在遭遇风浪时保持稳定，可以防止船受横向推力而发生倾覆的危险。同时，由于横向推力减弱，也更便于调戗变换船身的方向，正如《天工开物》中所说："如果船身太长而横向吹来的风又猛，舵力不那么够用，就要赶快放下吹风一侧的那块披水板，以抵消风势。"

沙船上的披水板

披水板在唐朝时就已经出现，可能是受水鸟在浮动的时候利用两翼起平衡作用的启示而发明的，当时的海鹘船两舷就装置了浮板。宋朝的海鹘船每侧的浮板有4~6具。而到了明代，则简化为一具。除披水板外，如宋朝客舟中，在两舷侧"用大的竹子捆缚成口袋形状来抗拒风浪"；明朝沙船设置竹制太平篮，平时悬挂于船尾，遇风浪的时候装石块放置水中，也能起到披水板的作用。在明清时期，在船舶上又出现了中插板，就是在船底增设两根梗水木，它跟船尾升降舵配合使用，能够有效地减少船舶横向漂流偏移，保证船只在航线上正常航行。

第三节
船舶停泊工具

作为水上的交通工具，船既需要航行，也需要停泊。但是水不是静止的，又不时有风的吹刮，船不可能在水中静止不动。如果不用专门设备来固定船只，那么当它停泊在水面上的时候，就会被水流漂走，或者被风刮走。

利用自然物来维系船只是最早的固定船只的方法，即当船靠岸的时候，用缆绳捆缚在岸边的石块上或树桩上。随后，人们又发明了木桩，如果岸边没有自然物可供利用，就打木桩来捆缚缆绳。随着造船技术和航行技术的提高，水上活动范围不断扩大，特别是海上航行的开展，使只靠岸边停船的方法已不能满足人们水上活动的需要了。例如，岸边水浅，大船无法靠岸；在汪洋大海之中遇到风浪，四周茫茫，哪有岸边可以靠拢停泊？为了解决这个问题，人们发明了船只的重要附属设备——停泊工具。

系石为碇

"系石为碇"是最早的停泊工具。碇，也写作矴，又写作磺，词上的解释是"锤舟石"。也就是说，早期的碇是用绳索缚石头制成的，可以看成是岸边捆缚船只的石头的演进，就是把岸边的石头搬上了船。当船在水中要停泊的时候就把石头放到水底，利用石头的重量来固定船只。把绳索连同石头提起来，就可以开船。因此，停船称作"下碇"，开船称作"启碇"。碇一般放在船首，在海中或者比较开阔的江湖水面，因为风浪比较大，一个碇还固定不住船只，所以又在船侧增设了副碇。船首的碇也称主碇，可以根据风浪和水流速度的大小决定是用单下主碇还是兼下副碇，只要把船固定住就行了。

木爪石碇

石块只能依靠本身的重量来固定船，可是石块的重量有限，在风浪太大或者水流太急的时候，石块的重量不够，常常系不住船只。随着人们航行经验的积累，发明了木爪石碇。木爪石碇的发明是航行技术上的重大进步。石块只能平放在水底的泥层上，不能深深地扎入泥层，可是木爪石碇就不一样了，它不但有碇石自身重量，而且木爪可以扎入泥层，跟木桩的作用一样。这样，固定船只的力量可以增大好几倍，成为更加有效的停泊工具。因此，在明朝以前，海船普遍采用木爪石碇作为停泊工具。

在很长一段时间内，我国都没有发现木爪石碇的实物。1899年，日本曾经在佐贺县唐津市附近的海中出土过一块元代碇石，长299厘米，中段宽36厘米，厚26.5厘米，是用石灰岩石块打制成的。这段碇石被作为珍贵文物，保存在唐津市凑疫神社里。近年来，日本又在博多湾附近发现了不少碇石。根据推测，这些碇石是元代忽必烈派去攻打日本的舰队上用的，因为遇到风浪不少舰只沉入海底而遗存下这些石碇。1982年，在泉州法石发现了一块宋元时期的碇石，填补了我国国内在碇石实物方面的空白。这块碇石是用花岗岩打制而成的，长232厘米、中段宽29厘米、厚17厘米，两侧对称地凿有长29厘米、宽16厘米、厚1厘米的凹槽。日本发现的碇石可能是山东一带打制的，泉州法石发现的碇石是当地打制的，这两块碇石一南一北，但其形状却十分相似，说明当时我国沿海海船所用的木爪碇石的基本形状和样式大体上是一致的。

泉州法石发现的宋元碇石

木爪石碇，是在碇石两条凹槽处缚上一头削尖的木棍而成的。就像徐兢在《宣和奉使高丽图经》中所说的那样，碇石两旁夹以木钩。

双爪木碇

木碇是跟后碇同时并行的停泊工具，它可能是受到木桩系船的启示演进而成的。木碇是用比较重而又坚硬的木头（如铁力木等）制成的。它有两个爪，可以插入水底泥层中，功用相当于木桩。李约瑟说，木碇"最具有中国形式的特点，是属于斧式锚，也就是这种锚制造的方式，使锚臂跟锚干在锚冠处成锐角（大约是四十度或小于四十度）"，而且"中国锚锚杆在锚干上通过的位置，并不在锚环的一端，而是接近锚冠的一端。这种装配方式促使锚发生倾斜，确保锚臂能够抓入锚床以保持锚位，也几乎能免除锚发生障碍，好处很多。这种装置的效率，曾经时常得到欧洲海事著作学者的赞扬。"由此可见，中国木碇的实用价值很高。为了加强木碇的整体强度、防止木材断裂，自宋元以后，还在碇杆和碇爪的连接处加上铁箍，使它更加坚固。也有在木爪尖端包上铁皮，使它更加尖锐和结实的。所以，即使是在铁锚

泉州湾出土的大木碇

已经普及的明朝时期，木碇仍被沿用，没有很快被淘汰。

由于中国海船一般都比较大，所以木碇也常常是很巨大的。1975年在泉州湾曾经发现并出土有一杆大约宋元时期的大木碇，残存长度达7.57米，上面有系缆绳和安碇担的圆孔，还有用铁箍加固后所留下的锈迹。

多爪铁锚

古埃及和古希腊关于铁锚的使用要比我国早，但是我国古代却有自己独立发展的历程。带"金"字旁的"锚"字的出现，最早是在南朝梁周间（6世纪）顾野王所写的《玉篇》中。表达器物的文字，只有在器物出现以后才能产生。在《玉篇》中出现"锚"字，说明在6世纪以前就有锚了。但是由于木爪石碇和木碇取材容易，制造简单，仍被普遍地采用着，所以铁锚虽然也在一些船只中使用，但直到明朝时才得以普及。

明朝焦竑《俗书刊误》中记载，锚"就是现在放置在船首和船尾的四角叉形状的设备，用铁索穿起来，投入水中可以固定船身，使船不会移动"。由于锚有向四个方向伸出的铁爪，能够扎进泥里抓住泥土，就像猫的爪子一样，所以在古代的典籍中，"锚"又写作"錨"，或者干脆就写成"猫"字。如在元朝周密的《癸辛杂识续集上·海蛆》中就写作"猫"。清朝贺长龄的《江苏海运全案》在转引宋应星《天工开物》有关材料的时候，也把"锚"改为"猫"。

一般的海船尤其是大海船，它们的锚都非常大。郑和下西洋的宝船上所用的大铁锚，"非二三百人不能举动"。

宋应星在《天工开物》中也说："每当船只航行遇风难以靠岸停泊的时候，它的安全就完全依靠锚了。战船、海船的锚有重达千钧的。"一钧大约是30斤，千钧就是3万斤，可见它是极其巨大的。1981年在泉州湾浅海中曾经捞起一只古代的四爪大铁锚，它残高2.78米，铁爪最大对角距离的残长是2.18米，锚杆直径从上端到基部是17~40厘米，重758千克。同时，大船用的锚都不止一个。

宋应星的《天工开物·锚》中有关于锚的制作方

泉州湾出土的大铁锚

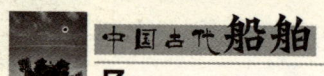

法的记载：锚制造的时候先锤制四个锚爪，然后再逐节接在锚身上。锚是采用煅烧、锤打工艺制造的铁器中最巨大的工件。

由于铁锚自身很重，又有四爪，性能比石碇和木碇优异，所以尽管不容易加工，但还是逐步淘汰了石碇和木碇。

知识链接

绞车：起锚抛锚的提升器械

大型船舶的停泊工具（石碇、木碇、锚，也统称做锚）很大、很重，单靠人的双手来控制锚的升降是很困难的，因此都在船上设置绞车来进行起锚或抛锚的作业。

绞车是在辘轳的基础上，把加力的横杆增长，数量增多。它最初在陆上应用，用来提拉重物，后来才广泛地在船上应用。绞车的形制，据北宋的《武经总要》中记载，是"用大的木材制成绞床，前面设置两根叉手柱"，这种绞车可以"力挽两千斤"。《武经总要》所记载的是下部有轮子的在陆上用的绞车。船上用的绞车，直接把绞床固定在甲板上，而且一般是采用立式绞车的形式，在绞床上还有卷缆索的轮子。徐兢在《宣和奉使高丽图经》

《武经总要》中的绞车图

中有关于绞车的记载："在船首立两根颊柱，中间安装车轮，轮上盘结藤索，藤索像房上的木椽一样粗，长五百尺，下端捆着碇石……船还没有出海或者靠近岸边停泊的时候，就把碇石沉入水底，好像在岸上维系缆绳一样，船就不会漂动了。如果风大浪急就加放游碇，游碇像大碇一样，只是它放置在大碇两旁。要开船的时候就转动车轮盘结藤索，把碇石收上来。"宋应星在《天工开物》中也说："风静了要开船，就用立式绞车盘结缆绳把锚提起来。"

第三章

古代造船技术

在古代，我国的造船技术尤其是战船的制造技术发展极为迅速，无论是在船体规模、造型还是航行技术方面都达到了当时世界的先进水平。诸如减摇龙骨、水密舱、平衡舵、车轮舟、船坞等，无不展示出我国古代造船技术的发达。在航海技术上，我国古代的逆风调戗术、过洋牵星术、指南针、多桅帆技术等也都远远领先于世界各国，在世界上一枝独秀。

第一节
古代造船技术演进简史

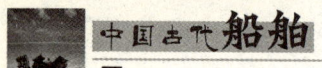

先秦时的船舶制造

春秋战国时期，我国逐步完成了从奴隶社会向封建社会的过渡，社会生产力得到了迅速发展。

生产力发展的一个重要标志便是铁器的使用。铁制的斧、凿、锯等木工工具，测垂直的悬锤和测平面的简单水平仪都已出现，木工技术达到了新的水平（能将曲木压直，直木压弯）。

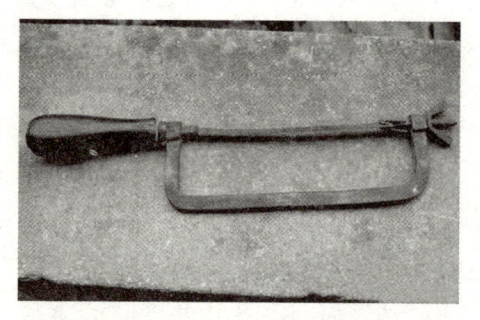

清末：老红木柄弓型锯子。锯子传说是鲁班发明的。

春秋战国时期的工程师公输班（鲁国人，故又称鲁班）改进了生产工具，这样又使船体的精密度大大增加，从而从精度和强度两个方面提高了造船技术，对造船事业的发展起到了推动作用，开始出现用途不同、形状各异的船舶。

当时，民间有快速的轻舟、扁舟；有适用于短途运输的舲船，有运输粮食的槽船，有供国君乘坐的"余皇"，还出现了专门用于水上作战的战船。

秦汉时期的造船技术

秦汉时期，我国的造船技术远远领先于世界各国。西汉的造船中心有数十处之多，其中主要的有长安、雒阳（今洛阳东）、巴蜀（今四川）、长沙和

第三章 古代造船技术

洞庭湖一带、庐江郡（今安徽庐江县一带）、豫章郡（今江西南昌一带）、吴（今苏州市）、会稽（今绍兴）、福州、番禺（今广州市）等地，能造出多种类型的民船和战船。民船有龙舟、漕舫、艑、舸、艇、轻舟之分；战船有楼船、斗舰、艨冲、龙船、赤马、斥侯之别，还有适航性好的海船。随着造船技术的提高，船舶的规模日益增大。据《酉阳杂记》记载，汉武帝在长安所造的豫章大船可载千人。

在汉代时，我国就已经普及了船的属具是锚、舵、橹、帆的使用。广州东汉墓出土的陶船模，船首的锚和船尾的舵清晰可见。东汉的文献也有记载。《释名·释船》中说："其尾曰柂（舵），柂，拖也，在后见拖曳也，且言弼正船不使他戾也。"就是说，舵可以使不偏航。西方的舵，据认定出现在1242年（一说1180年），比我国晚了1000年左右。汉代的锚抓已经相当先进了。在我国古代文献中，最早出现"帆"字的，是马融于东汉元初二年（公元115年）写成的《广成颂》。在这之后6年问世的我国最早的字典——许慎的《说文解字》，也有帆的记载。这就是说，我国的帆最迟在1900多年以前就已经出现了。

《释名》中有最早的关于橹的记载。其出现年代也当不迟于2000年以前的汉代。橹由于橹板以较小的冲角划动时，阻力小，升力大，再加上左右连续摇动做功而成为非间歇性推进器。现代的螺旋桨，可以说是橹的进一步发展的结果，所以英国学者李约瑟在其著作《中国科学技术史》中把橹的发明看做是"中国发明中最科学的一个"。

综上所述，可见汉代在我国船舶发展史上占有十分重要的地位。汉代的船舶已不是一般的木板船，而是有较为发达的上层建筑。船的种类也日渐增多，属具基本齐备。橹的创制，极大促进了世界造船技术的发展。船尾舵也是中国的一项重大发明。风帆的出现，使中国进入了利用自然风力作为船舶动力的时代。由于风帆的使用，船舶的动力增大了，船舶的载重量也随之增加，从而能容纳更多的兵员和武器装备，储备更多的食品和淡水。由于战船

东汉陶船模型——江陵汉墓木船模

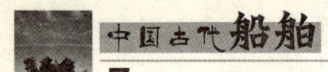

的使用，水上机动能力提高了，能够更有效地使用武器，特别是实施火攻和发射火器。这就为中国古代海军的远洋航行和作战开辟了广阔的前景。

关于春秋战国时造船基地的空间分布和造船机构的设置，由于资料的缺乏，我们所知甚少。春秋战国时，水军多分布在楚、越、吴及北方的齐国，那么相应的造船基地亦当分布在这些地区的沿江、河、湖、海之处。至于造船机构可能还不完善，由司徒来兼司之。

不过，至秦汉时，造船基地和造船机构的情况现在了解的就比较多了。可以说，秦汉时已经设置有专门的造船机构并有了相当大规模的造船基地。正是由于该时期造船业的兴盛与发达，使得这一时期的水军有了较大的发展。和中国秦汉以来的专制主义中央集权这一政治体制相一致，秦汉的造船机构有中央和地方之分，且地方受中央节制。

隋代的船舶建造

隋代的造船技术很高，但未能用之于国计民生。杨广又是个好大喜功的人，他因高丽王不肯来朝，于公元612年、613年、614年三次派兵进攻高丽。这些战争意在征服高丽，所以是侵略性质的战争。三年三次入侵高丽，公元612年时，隋的水师从江淮出发，先到东莱，再向平壤进航，公元614年时则从东莱郡进发。由于高丽军的反抗和本国人民的反对，都以失败而告终。

隋炀帝于公元605年、610年和616年，三次率庞大的旅游船队巡游江都，挥霍民财扰乱民生之烈达于极点。大业元年巡游江都，自长安至江都，置离宫四十余所。为此一项，特建造龙舟以及各种游船数万艘。由此足见当时的造船技术之高超。不过，这都是在严苛监督下建造的，"役丁死者什四五"。

"龙舟四重，高四十五尺，长二百尺。上重有正殿、内殿，东、西朝堂，中二重有百二十房，皆饰以金玉，下重内侍处之。皇后乘翔螭舟，制度差小，而装饰无异。别有浮景九艘，三重，皆水殿也。又有漾彩、朱鸟、苍螭、白虎、玄武、飞羽、青凫、陵波、五楼、道场、玄坛、板舸、黄篾等数千艘，后宫、诸王、公主、百官、僧、尼、道士、蕃客乘之，及载内外百司供奉之物，共用挽船士八万余人，其挽漾彩以上者九千余人，谓之殿脚，皆以锦彩为袍。又有平乘、青龙、蒙冲、艚艇、八棹、艇舸等数千艘,并十二卫兵乘之,并载兵器帐幕,兵士自引,不给夫。舳舻相接二百余里,照耀川陆,骑兵翊两岸而行,旌旗蔽野。"隋炀帝第一次巡游江都的龙舟船队拥有船只5191艘,这是隋代造船能力和船舶制式的一次大检阅。

至今还没有关于隋代龙舟的形制、式样的考古发现。后世北宋张择端所绘《金明池争标图》对这类帝王乘坐的龙舟有形象的描绘。宋代孟元老在《东京梦华录》里也有文字的叙述。宋时的龙舟长30~40丈,阔3~4丈。头尾鳞鬣,皆雕镂金饰。在山东蓬莱的中国船舶发展陈列馆陈列的隋代龙舟模型,即可显示龙舟的概貌。

具有高大的上层建筑是龙舟在布置上的一大特点,因此船舶重心必高;为显示龙的形象其船身狭长,长与宽的比值近于10,船宽相对较窄。如何保证船舶稳定性的问题至为重要。稳定性问题如果不能获得妥善解决,龙舟等许多具有高大上层建筑物的各式船舶势必经常会出现翻沉的危险。不知当时是如何解决稳定性问题的。

唐宋时期的造船业

在唐代,随着国内生产力的发展和国际海上交往的频繁,造船生产能力不断扩大,造船地点几乎遍及全国各地。值得注意的是,这个时期的主要造船基地多与盛产丝绸和瓷器的地区相一致。造船与丝、瓷生产相互推进,相得益彰。

1. 唐宋时期的造船能力

造船数量多和造船质量好是唐宋时期巨大造船能力的两个表现。

唐代造船的数量相当可观。为了满足对船的大量需求,唐代在沿江傍海地区普遍设置了造船工场,仅扬子县(今江苏仪征)一县就有10个之多。据《资治通鉴·唐纪》记载,贞观十八年(公元644年)秋,曾令将作大匠阎立德在洪州(今江西南昌)、饶州(今江西鄱阳)和江州(今江西九江)造大海船400艘。安史之乱平定后,主持漕运的刘晏(公元715-780年)到江淮督造漕船2000艘。由此可见唐代造船数量之多。

宋代的造船地点比唐代还多,据《宋会要辑稿》记载,共有26个,其中

中国古代船舶

日本《唐船之图》中的宁波船

赣州、潭州（今长沙）、衡州（今衡阳）等地每年各造船170艘，温州和明州（今宁波）各造船600艘，楚州（今淮安）、泗州（今盱眙）、真州（今仪征）等各造船100艘。另据《景定武工志》记载，宋朝初年，建康一地就造船3550艘。实力如此雄厚的造船业，为宋代海军的蓬勃发展奠定了坚实基础。

唐宋两代所造船舶的吨位和质量较之前均有进一步的发展。唐代建造的内河船，长20余丈，能载六七百人的已很普遍。"大者受万斛也"（唐·玄应：《一切经音义》），相当于载重量500余吨。唐代还有一种万石船。据《唐国史补》记载："江湖语云，水不载万，言大船不超过八九千石（一石约150斤）。"大历、贞元年间，有"俞大娘船最大，居者养生、送死、嫁娶悉在其间，开巷为圃，操驾之工数百，南至江西，北至淮南，岁一往来，其利甚博，此则不啻载万也。"

形体高大、性能良好是唐代海船的显著优点。例如，意大利人菲勒斯著的《中世纪的中国与非洲》上记载："中国大约从公元600年开始，就建造具有五层甲板大吨位的帆船。中国帆船的体积很大，抗风浪的能力很强。"一位名叫苏莱曼的阿拉伯商人，在公元851年于《印度—中国游记》里说："中国唐代的海船特别巨大，抗风浪的能力强，能够在波涛险恶的波斯湾畅行无阻。"又说："唐代中国帆船由于体积很大，吃水太深，不能直接进入幼发拉底河口。"唐代海船之大，可见一斑。

唐代船舶的种类十分繁多，据史书记载，光战船就有楼船、艨冲、斗舰、走舸、游艇、海鹘6种。

宋代的造船能力比唐代更为高超。船舶种类繁多，能适应远海和内河航运的需要。有一种远洋巨舶，叫木兰舟，"浮海而南，舟如巨室，帆若垂天之云，（舵）长数丈，一舟数百人，中积一年粮"，因其"舟大体重，不忧巨浪而忧浅水"。（宋·周去非《岭外代答》）

宋代还有一种专供外交使臣乘坐的座船，称为神舟。其随员乘坐的船，叫做客舟。据徐兢的《宣和奉使高丽图经》记载，客舟"长十余丈，深三丈，阔二丈五尺，可载二千斛粟（约120吨左右），以整木巨枋制成，甲板宽平，底尖如刃……每船十橹，大桅高十丈，头桅高八丈。后有正梢（舵），大小二等。碇石用绞车升降……每船有水手六十人左右。""神舟之长宽高大、什物器用、人数，皆三倍于客舟"。在这以前，还有宋人张师正写的《倦邀录》一书，记载了北宋元丰元年（1078年）宋朝廷为安焘出使朝鲜，"敕令明州造万斛船两艘，乃赐号，一为凌波致远安济神舟，一为灵飞顺济神舟"。由此得知，神舟是万石船，载重量在600吨左右。徐兢在北宋宣和五年（1123年）出使朝鲜时，宋朝廷也照例建造两艘神舟，分别是鼎新利涉怀远康济神舟、循流安逸同济神舟。这两艘神舟"巍如山岳，浮动波上，锦帆益鸟首，屈服蛟螭"，在驶抵朝鲜时，出现了"倾国耸观而欢呼赞叹"的热烈场景。

综上所述，可见唐宋两代造航技术先进、造船规模宏大，能造出体积大、适航性好的各种内河和远洋船舶。

2. 唐宋时期的造船技术

铁钉钉连技术在唐宋时期就被用于造船，即从以往的搭接船板发展到并接船板，这不仅保证了船的强度和水密性，而且由于表面光滑，可在航行中减少水的阻力，提高速度。船模造船技术已经出现，即在施工前先造一个小船模，然后加以分解，按一定比例放大制成部件，再组装成船，其原理同现代造船中的放样原理一致。在施工中，宋代还采用了船渠修船法、滑道下水法等先进技术。在船体结构方面，处于当时世界上的领先地位。为了增强船的纵向强度，底部结构除有粗大的纵向龙骨外，还在舷侧顶部设置有纵向的大肋相当于现代船舶加厚的舷侧顶列板。为了增强船的横向强度，使用了较多的横仓壁。为了增强船的抗摇性，在"海鹘"船上安装了披水板。披水板也叫翼板，与现代船舶的舭龙骨相似。为了增强船舶的抗沉性，普遍采用了水密隔舱。

唐宋时期也发明了许多船的属具。出现了在舵杆前也有一部分舵叶的平

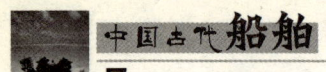

衡舵，使转舵省力。还有一种可以升降的舵，深水航行时，将舵降下，既可提高舵效，又可提高抗漂移的能力；浅水航行时，则将舵提起，以保护舵不被水底碰坏。又有一种开孔舵，就是在舵叶上打许多小孔，不仅使转舵省力，而且由于水的表面张力的作用，又不影响舵的性能，真是匠心独具。宋代时期进一步改进了锚。宋朝以前，我国铁锚的锚齿排列在同一侧。投放后，不一定能抓住地，往往起不到碇泊的作用。到了北宋，锚齿改为按圆周均匀排列。这样的锚，无论怎样抛掷，总有两个锚齿抓住地面。所有这一切发明和发现，都体现出我们祖先的聪明才智。

3. 在施工工艺方面的成就

除船体结构设计合理之外，船舶的选材也十分考究，力求适当。例如在底部经常有积水而易腐蚀的部位要选用樟木或杉木，对强度要求高的构件也时而采用樟木等等，对于一般的构件则常用并不昂贵的松木。

为了将外板与舱壁紧密地连接起来，开始用木钩钉或称为舌形榫头，后来则应用钩钉挂锔，工艺既简单且更增加了连接强度。

在论述两宋时期的造船工艺时，金朝正隆年间（1156—1160年）张中彦创造的模型造船的技术尤为值得一提。张中彦采用的是船模放样的造船技术，与现代造船中的放样原理基本一致。宋代处州知州张觷也是运用的放样原理。

船渠修船法，也是宋代在修船实践中的创造。在熙宁（1068—1077年）年间，为修理金明池中的大龙舟的水下部分，宦官黄怀信献计，据龙舟的长宽尺度，先在金明池北岸挖一个大渠，渠内竖立木桩，上架横梁，然后将金明池与渠间凿通，水则入渠，然后引龙舟入渠就于木梁之上。再堵塞通道，撤出渠内之水，龙舟便坐在横梁之上了，即可施工修整船底。完工后再如前法放水入渠浮船。

宋太宗年间（976—997年），为了防止新造的舟船被湍急的河流冲走，张平创造了渠池泊船法——"穿池引水，系舟其中"，即可免去守舟之役《宋史·张平传》。

在宋代还创造和实际应用了舟船滑道下水的技术。这是近代船舶纵向下水的早期形式。时至今日，在我国长江及内河一些小型船厂中，仍会方便地应用润滑性良好的稀泥布于地，曳船下水，其理与张中彦同。

4. 新船型的发展与船型的多样化

在宋代时，车船技术得到了广泛普及。车船不仅大型化而且系列化，有 4 车、6 车、8 车、20 车、24 车和 32 车等多种，最大的能载千余人，长 36 丈，后来在长江上抗击金兵的战斗中发挥出重大作用。5 世纪祖冲之的千里船和 8 世纪李皋的两轮战舰，即使是公元 12 世纪杨么起义军的车轮战船，其规模、成就和出现时间都是世界之最。

码头旁的货船

在内河船方面，载量大而装卸方便并适于汴水的"歇艎支江船"，到宋代则名之为汴河船。天津静海出土的宋代河船，则是适于运河浅河道的散装运粮船。在长江干流则有如《画墁集》所描述的万石船。在海船方面，有类似于遣唐使船的航海客货船，又有大型的神舟与客舟。中国这些制作精良、装饰华焕的船舶，"魏如山岳，浮动波上，锦帆缢首，屈服蛟螭"。到了外国则出现"倾国耸观，而欢呼赞叹"的轰动场面。泉州湾出土的宋代海船，就是这类航海货船的典型实例。

元代的造船业

元朝的造船业十分发达，其造船能力非常惊人。以战船为例，据不完全统计，从至元七年（1270 年）到至元二十九年（1292 年）的 22 年间，共造江船 8000 艘，海船 9800 余艘，合计 17800 余艘。至于民用船只，则数量更多。据《大元海运记》记载，在至元二十二年（1285 年）二月，为济州河运粮，一次就造粮船 3000 艘。又据《元史·兵志》记载，元朝廷为了加强国内邮递能力和速度，除陆上开驿道驰马通邮以外，在江海水陆要冲设置水驿站 424 处，共有邮船 5921 艘。

元代建造战船通常由各地招募军民、工匠，在武备寺监督下进行。至元二十二年时曾设立江西、江淮、湖广 3 个造船提举司。

船舶的大量建造，在很大程度上促进了造船技术的发展与提高。据《马可·波罗行记》记载，至元二十八年（1291年），马可·波罗奉元世祖忽必烈的命令，护送阔阔真公主远嫁波斯。忽必烈"命备船十三艘，每艘具四桅，可张十二帆"。马可·波罗在这部著作中，详细记载了他在泉州见到的元代海船的形制："船舶用枞木制造，仅具一甲板。各有船房五六十所，商人皆处其中，颇宽适。船各有一舵，而具四桅，偶亦别具二桅，可以随意竖倒。船用好铁钉结合，有二厚板叠加于上，不用松香，盖不知有其物也，然而用麻及树油掺和涂壁，使之绝不透水。每船舱上，至少有水手二百人，盖船甚广大，适载胡椒五、六千担。无风之时，行船用橹，橹甚大，每具须用橹手四人操之。每大舶各曳二小船于后，每小船各有船夫四五十人，操棹而行，以助大舶。别有小船十数，助理大舶事务，若抛锚、捕鱼等事而已。大舶张帆之时，诸小船相连，系于大舟之后而行。然具帆之二小舟，单自行动与大舶同。"

《伊本·白图泰游记》中也有关于元代海船的详细描述："中国船只共分三大类：大的称作艟克，复数是朱努克；中者为艚；小者为舸舸姆。大者有十帆，至少是三帆。帆系用藤篾编制，其状如席，常挂不落，顺风调帆。每一大船役使千人：其中海员六百，战士四百，包括弓箭射手和持盾战士以及发射石油弹战士……这种船桨（应译为橹）大如桅杆，一桨旁聚集十至十五人，站着划船。船上造甲板四层，内有房舱、官舱和商人舱……"

经各种史料论证，我们可以窥见元代海船的大致轮廓：4桅，桅可随意起放，可张12帆；船体为3层硬质木板，油麻捻缝，用铁钉钉合；有13个水密隔舱和1～4层甲板；无风使橹，橹大如桅，由10人左右操纵；载重量大约在300吨上下。而当时波斯湾一带的船舶，仍然停留在缝合船的水平上。缝合船"有一桅、一帆、一舵，无甲板，装货时则以皮革覆之"，不耐风浪。因此，"乘此船者危险堪虞，沉没之数甚多"（《马可·波罗行记》）。两相对比，可见元代的造船能力和造船技术在当时的世界上是领先于其他各国的。

元代海船模型

明代造船业

中国古代造船业在明朝时期发展到了顶峰。造船工厂遍布于全国滨江沿海各地，尤以江苏、福建、湖广、浙江等地最为发达。除民办的以外，还有官办的。洪武二十六年（1393年），明朝廷规定："如或新造海运船只，须要量度产木、水便地方差人打造。"（《明会典》卷二百）根据这个原则，各地出现了一大批官办船厂，其中最大的有南京的龙江船厂、苏北的清江船厂、山东的清河船厂、福建的台南船厂和东北的吉林船厂。

这些船厂规模大，组织严密，工种齐全。如龙江船厂，隶属工部都水司，占地8100亩。厂设工部分司，掌管督察；提举司，负责造船业务；指挥厅，指挥生产。该厂的生产组织仿照明代城市居民的坊厢组织，按专业性质分为四厢：一厢制木梭橹；二厢制造船木、铁件及缆；三厢修补旧船；四厢制造棕篷等物。

明朝时船舶生产的合理组织和分工的严密，在很大程度上促进了当时船舶生产力的提高。明初的造船能力是惊人的，仅据《成祖实录》所作的不完全统计称，明永乐时期中的12年就造了2735艘海船。

明代造船除数量多以外，还有两个显著特点：一是船体增大，二是船型名目繁多。郑和下西洋的大型宝船可以称得上是明代最大的船舶，长与宽约为138米和56米。据英国学者米尔斯推算，郑和大宝船的载重量约为2500吨，排水量为3100吨。随郑和下西洋的巩珍在其著作《西洋番国志》中说宝船"体势巍然，巨无与敌，篷帆锚舵，非二三百人莫能举动。"这样的巨舶，不仅"盖古所未有"，而且达到了19世纪以前世界上木帆船的顶峰。因此，英国著名的科学家李约瑟指出："在造船方面，中国曾远远走在了欧洲的前面。"

明代船舶种类繁多。根据宋应星的《天工开物》的分类法，以形定名的有"海鳅"、"江鯿"、"山梭"、"蜈蚣"等；以量定名的，如"一千料船"、"万石船"、"四百料战座船"（料是载重量单位，1料＝1石＝92.5斤）等；以质定名者有楠木船、杉木船等。《明史·职官志工部》则按用途，把船分为江海转运的漕船、江河交通的杂用船和海防备倭的江海兵船三大类。这些分类说明明代的船型已经多到必须要分类的地步了。

广 船

　　明代的海船基本上可分为三大类型，即广船型、福船型和沙船型。凡属海船，无论是民船还是战船，都属于这三种船型。

　　广船因广东所造而得名。首尖体长，吃水较深。梁拱小，甲脊弧不高，有较好的耐波性。在结构上，横向以密距肋骨与隔舱板构成，纵向强度依靠龙骨和大肋维持。造船材料为荔枝木、樟木和铁栗木（乌婪木），坚固耐用，但材料来源困难，且造价高，不利于其发展。广船侧前方装有能垂直升降、伸出船底之下的摔板，可起到减摇和稳定航向的作用。舵板上开有成排的菱形小孔，使操舵省力，又不影响舵效。大型广船的中桅和前桅均向前倾，上悬布质硬帆，篷杆较粗且排列稀疏。在中、小型广船上备有橹、桨。广船破浪性能好，利于深水航行。

　　福船是指在福建建造的船。船有四层，下层装压舱石，第三层放置淡水柜，第二层住人。底尖上阔，首尖尾宽两头翘，尾封结构呈马蹄形，两舷边向外拱，有宽平的甲板，舷侧用对开原木厚板加固。福建的松、杉、樟、楠木是造船的主要材料。有些福船首或尾有活水舱，舱在满载水线附近有孔。当首或尾在浪中下降时，水流入活水舱；上升时，水又缓缓流出，使船上升速度降低,以达到减小纵摇的目的。福船的破浪性能好,宜于海上深水航行。

福船还派生出一些船型,如哨船(草撇船)、冬船(海沧船)、鸟船(开浪船)等。有一种小型的鸟船称作快船。冬船中最小的叫苍山船,比苍山大一些的叫艟矫。

有人将鸟船看作一个独立的船型,与福船、广船、沙船并列,从而将我国海船分成四大类。

沙船是起源于上海崇明的一种平底海船。沙船的特点是:底平,方头方艄,利于行沙,少搁无碍;吃水浅,受潮水影响小;船宽稳性大,有披水板、硬水木和太平篮等减摇设备;多桅多帆,快速性好。由于沙船船底平,不能破大浪,故主要在北方的海域航行。

知识链接

明代的封舟

明代还有一种专供使臣出使外国时乘坐的官船,称为封舟。封舟长15~20丈(47~62米),宽3~6丈(10~19米),深1丈3尺多(约4米)。封舟有23~28个舱室,都是密闭的。舱外有4尺高的遮浪板。封舟船体钉捻后用铁条数十根从底龙骨沿舷板箍到两沿。封舟上的属具一应俱全,有桅3~5根;橹36支;铁力木舵1具,备用舵2~3具;锚4具,共重5000~6000千斤。据《古今图书集成·考工典》记载,明代海船上的锚,还有重达6350斤的。能制造这样大的锚,反映出我国当时的造船水平是相当高的。此外,封舟上有40个水柜,以保障远航的用水。

综上所述,可以看出,明代造船能力之强、造船技术之高,在当时是举世无双的,这有利于明代航运业的发展。

清代的国内造船与海外造船

造船需要大量巨木，因此造船工厂一般都位于木材产区附近。当然只要造船材料的运达较为便捷，有时也会选在海内外贸易较为发达的重要港口所在地。

闽北山区盛产杉木、松木，木材结成木排后可便捷地运到福州。福州又盛产棕、铁等物料，有很多技艺超群的船匠。所以，福州的南台、洪塘一带是重要的造船工厂聚集之地。在福州府还有漳州、泉州和兴化，也是设厂造船的重要地点。厦门港并不出产木材，但在清初作为外贸港口的地位上升，造船材料的运输并不困难，加之漳、泉二州是厦门的腹地，利用两地的传统技术力量，厦门的造船业在清代日益兴隆。

浙江的温州、台州（今椒江市一带）、宁波，都具有较好的造船条件，也是历史上的造船重镇。温州的港口贸易额虽然不如宁波，但由于该地盛产杉、樟等优质船材，其造船的量额在浙江是首屈一指的。

江苏的造船重镇有苏州、扬州、淮阴和松江（今属上海市）等处。

广东的潮州，有韩江流域的木材，适于造船。不过潮州是河港，其水浅，所以不能建造大船。地处南澳岛的南澳港，因地势优越而造船兴旺。其他还有高州、雷州（治所在今海康县）和廉州（治所在今广西合浦县）也是造船重镇。广东的海南岛出产楠木、柚木，特别是柚木为制作舵杆、木碇的上好船材。海南岛的榆林、琼州（今海口一带）也是船舶产地，惟所造船舶多为小型船，且多航行到安南、暹罗和南洋一线。

造船材料长期供应紧张是清代造船业面临的最严重危机，最直接的后果是造船费用的直线上升。据研究，明代月港民间商船的造价为一千余两，到了清代康熙雍正年间则涨到两三千两，大型商船要七八千两以上。1711年，全国人口统计是1462万；1774年，增至22102万。为了解决食粮的需要，康熙六十一年（1722年），以暹罗米价低廉，确定采买30万石。首批大米是在雍正二年（1724年）运到中国的，且由华侨商人以暹罗船负责营运。乾隆六年（1741年），清廷开始鼓励商民进口大米，次年起又有免征大米税的政策。乾隆九年（1744年），福建龙溪商人林捷亨、谢冬发等续自海外造船载米回厦门。商人们这一大胆的突破，地方官员予以默许。于是，商民纷纷在暹罗等地造船买米,源源不断地运回来……乾隆十二年(1747年),终于正式允许商民在海外造船。

造船的优质材料价格低廉是在海外造船的主要优势,油、麻、蛎灰及钉铁等物料可以从国内运到。造船工匠由中国商船上的船员和侨居海外的船匠充任,所造船舶多为中国福船的船型,船价约为国内的40%~60%。

中国商民和华侨,利用暹罗、柬埔寨等东南亚各国质优价廉的木材,以清廷迫切需要进口大米作为突破口,使海外造船获得了官方的允许,这在一定程度上促进了日渐萧条的国内造船业的兴起,促进了清代的海外贸易。不仅东南亚与中国沿海各港之间大量使用在海外建造的商船,在中国与日本的海上贸易中所使用的"暹罗船"、"爪哇船"、"广南船"等等,也正是有清一代中国商民在海外所建造的具有中国形制和特点的中国帆船。

第二节 影响深远的造船技术

中国造船历史悠久,中国的传统造船技术在很长一段历史时期内都在世界上遥遥领先,水密舱、平衡舵、减摇龙骨、车轮舟、铁钉和铁锔连接技术、指南针、船坞等,都是中国传统造船技术的重大发明和应用,对世界造船技术的发展产生了深远影响。

减摇龙骨

为了减缓舟船在风浪中的摇摆,唐代时,开始在船的两侧设浮板。据史料记载,"海鹘"船"舷下左右置浮板,形如鹘翼翅,坐其船,虽风波涨大,但无倾侧",浮板在航行过程中可以增加风浪中水的阻力,从而减轻船的摇

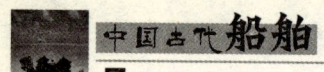

摆。这种浮板虽然可以起到减轻船舶在风浪中的摇晃、增强安全性的作用，但最简单最经济的减摇装置还是减摇龙骨。减摇龙骨在宋朝时就已经出现。减摇龙骨，是安装在船侧与船底间连接转角处（称为舭部）的木质长构件。由于安装在舭部，也称舭龙骨。据北宋李兢的《宣和奉使高丽图经》记载，当时中国的海船，甲板平整，船舷下削如刃。不同于以前的平底船，此时船的横断面为"V"形。尖船底下没贯通首尾的龙骨，具有较强的抗风浪能力，但不适合于浅水地区航行。从考古资料来看，1979年在浙江省宁波市东门口施工中发现一艘宋朝古船，在该船左右舷第七板和第八板的结合处各有一根断面为半圆的长木，纵向安装在舷外，用铁钉固定。半圆木残长7.10米，最大宽度90毫米，用两排间隔400~500毫米的铁钉固定。它位于船体水线以下，即便空载亦不露出水面。这两根长木的作用是减轻船体摇摆以加强航行的稳定性，因而被称为减摇龙骨。

关于减摇龙骨，历朝文献所记载的名称不甚相同。清朝道光年间的《江苏海运全集》中"沙船底图"的舭部两侧位置有两根梗水木，梗水木就是减摇龙骨。减摇龙骨构造虽简单，但减摇效果却较显著，现今在各类船舶上仍有广泛应用。

水密舱

水密舱是中国古船为横向分割船舱而采用的横向隔壁，又称舱壁。据文献记载，我国早在公元2世纪时就已经有了水密舱。水密舱的创始人是晋代的农民起义领袖卢循，他所造的八槽舰配有8个水密舱；但从考古资料看，目前中国出土年代最早的唐代木船均采用水密舱结构。

具有较强的安全性是水密舱的首要功用。如果某个舱破裂或泄漏，由于隔壁的阻隔，其他的底舱不受影响，船舶可继续航行。其次，横向隔舱板还能有力支撑船舷，增强船体抗水压、抗风浪的能力。此外，船舱分区也有利于货物分类存放，便于装卸和管理。

由于中国古船较早使用了水密舱技术及相应的铁钉和铁锔连接技术，舱料密封技术，因而早在唐末五代时期，中国商船便以其宽大、坚固、抗风力强、安全性高等特点著称于印度洋。欧美各国直到18世纪末才开始在造船时使用这项先进技术。直至今日，水密隔舱技术仍然在现代船舶设计中占有十分重要的地位。

平衡舵

早期船舵，舵杆多固定在舵面的一侧，舵杆与舵面重心有一定距离，转动时力矩较大，费力且不灵活。中国人在宋代以后发明了平衡舵，即将舵杆固定在舵面重心所在的垂线上，可以缩短舵压力中心与舵轴的距离，减少转舵力矩，使转动的灵活度大大增加。

宋朝平衡舵的大小和结构可以从一些出土的宋船文物中看出。1978年，在天津市静海县元蒙村古运河旧道发现了北宋末年木船。该船方头、齐尾、平底，长14.62米，最大宽4.05米。船尾设平衡舵，舵杆粗糙，只是一根修整过的树干，残高2.19米。舵扇呈不等边三角形，底边长3.9米，高1.14米，舵叶总面积为2.223平方米。舵杆安插在舵扇后半部。此舵叶的形状与《清明上河图》中的船舵非常相似，这也从另一个侧面说明此时平衡舵的使用已经相当普及了。这种平衡舵能够缩小舵扇平面的摆动力矩，可使转舵较为省力，对控制船只航向有较好的效果。

目前世界上发现最早的平航舵是静海宋船的平衡舵，欧洲直到18世纪才出现类似的平衡舵。平衡舵这项重要技术，即使是在今天的船舶设计中仍然不失其意义。

车轮舟

车轮舟，叫法不一，或称车船，或唤车轮船，或谓桨轮船。因为这种木船装有足踏桨轮，较之木桨船速度大大加快，如同飞车，因而被称为车轮舟。我国的大量文献资料中都有关于车轮舟的记载。据《资治通鉴》记载，公元417年，刘裕部将王镇恶由黄河乘车轮舟"溯渭（水）而进，舰外不见有行船人。北土素无舟楫，莫不惊以为神"。这段史料说明早在公元5世纪，我国渭水流域便已经开始使用车轮舟了。这种千里船"不因风水，施机自运"，亦即车轮舟。但对车轮舟的明确记载则出现在唐朝。《旧唐书·李皋传》记载李皋"常运心巧思，为战舰，挟二轮蹈之，翔风鼓浪，疾若挂帆席"。这种用脚踩踏轮桨的车轮舟，速度如同风帆船。南宋初年，洞庭湖钟相、杨么农民起

中国古代船舶

义军对车船又有创新。据史料记载，钟、杨起义军的车船自2轮发展到8轮，"往来极为快利，船两边有护车板，不见其车，但见船行如龙"。最大的"和州载"有24轮，可载兵士千余人。钟、杨正是凭借着这种"以轮激水，其行如飞"的车轮舟屡败南宋官军。后因叛徒出卖，起义军为岳飞所败。陆游在《老学庵笔记》中称宋代最大车轮舟长三十六丈，阔四丈一尺，高七丈二尺五寸。

车轮舟的发明在中国古代的造船技术中占有重要地位，它使木船由桨楫的间歇推进方式跨进到了桨轮运转的连续推动方式，在造船史上具有重要意义。从中外文献比较来看，中国发明和使用车轮舟比西方要早1000多年。

船坞

我国古代造船业发达，船坞修造也具有悠久的历史。据《三国志·吕蒙传》记载，吴国大将吕蒙在安徽巢河的濡须口的水师基地修建了一个"形状

船坞的船

第三章 古代造船技术

如偃月"的船坞，用于修理或建造大型船舰。这个船坞连通江河，等船由江河经支道进入船坞后，便在入口处筑起堤坝，然后把船坞内的水排干，船就停坐于早已建好的墩木上了，接下来便可修理。船修好后，挖开堤坝，江水涌入船坞，船就能驶进江河。这是迄今为止世界上有关船坞的最早记载，其功能已类似于现代船坞。至宋代，由于造船业的空前发展，船坞的业务也更加发达。北宋时张平监阳平都木务兼造船场工之际，"旧官造船既成，以河流湍悍，备其漂欠，凡一舟调三户守之，岁役户数千。平遂穿池引水，系舟其中，不复调民"。其说明这种"船坞"通过"穿池引水"，把舟船引入，减轻了百姓的岁役，舟船可以安全停泊。

欧洲最早的船坞是1495年英王亨利十世时在朴茨茅斯建立起来的，比张平晚了500多年。而若与更早的吕蒙所建的原始船坞相比，则晚了1000多年。

我国古代的造船技术十分先进，许多方面都遥遥领先于世界。除上述先进造船技术外，还有很多方面如披水板的发明、金属锚的出现以及平衡舵技术、铁钉和铁锔连接技术、舱料密封和维修技术等都是当时的西方国家所遥不可及的。

知识链接

中国最大的船坞

大连造船新厂2009年建造20万吨级船坞为中国最大的船坞，被誉为"神州第一坞"。船坞位于造船新厂北部海岸，与号称"亚洲第一吊"的900吨龙门起重机配套使用，是"七五"计划期间国家重点工程建设项目。1989年3月16日破土动工，1996年9月竣工，总投资达5亿元。船坞工程包括20万吨级干船坞和20万吨级舾装码头。干船坞分为坞首、泵房、坞墙和坞室底板等部分，有效长度365米、宽度80米、深度12.7米，坞区作业平台总面积为5.06万平方米。坞首设有总重量达4025吨的浮箱式坞门。

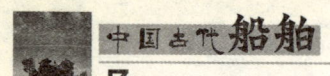

在距坞尾101.27米和255.57米处设2道中间坞门槽,可安放总重量为567吨的中间坞门。横跨坞上的900吨龙门起重机,跨距182米,高度120米,自重达5500余吨。南北两侧设160吨和30吨门座吊各1台。舾装码头与干船坞北坞墙相连,有效长度400米、面宽30米,前沿水域底标高-8米至-10米。可以建造或修理1艘30万吨超大型船舶;半串联并列建造2艘6万~7万吨船舶,造修国防所需各种大型舰船等。船坞的建成标志着中国跨入了能够建造30万吨超大型船舶的国际先进行列。江泽民、李鹏、朱镕基等党和国家领导人多次视察了该船坞。

第四章

古代漕运与航海活动

　　本章系统地整理、归纳了几千年来我国的古代漕运与航海历史,具体地论述和剖析了各个历史时期漕运与航海活动的背景、成就、技术以及港口等,科学地总结和评价了中国古代漕运与航海事业的杰出成就及其兴衰荣辱的经验教训。

第一节
古代漕运的发展

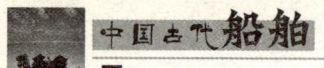

　　漕运就是利用水道（河道和海道）调运粮食（主要是公粮）的一种专业运输。它也是我国历史上的一项重要经济制度，是中国古代历代封建王朝将征自田赋的部分粮食经水路解往京师或其他指定地点的运输方式。水路不通处辅以陆运，多用车载（山路或用人畜驮运），故又合称为"转漕"或"漕辇"。运送粮食的目的是供宫廷消费、百官俸禄、军饷支付和民食调剂。这种粮食称为漕粮，漕粮的运输称为漕运，漕运有河运、水陆递运和海运三种运输方式。狭义的漕运仅是指通过运河并沟通天然河道转运漕粮的河运而言的。

古代漕运发展简史

　　漕运起源很早，早在秦汉时期就有漕运出现了。秦汉秦始皇攻匈奴时，从山东向北河（今内蒙古乌加河一带）转运粮食；攻南越时，令监禄凿灵渠沟通湘江与西江水系运粮。楚汉相争，萧何将关中粮食转漕前线以供军食，对汉军的胜利起到了重大的保障作用。

　　隋初除自东向西调运外，还从长江流域转漕北上。隋炀帝动员大量人力开凿通济渠，联结河、淮、江三大水系，形成沟通南北的新的漕运通道，为后世的隋唐大运河奠定了基础。

　　唐、宋、元、明、清历代均重视漕运，为此，疏通了南粮北调所需的网道，建立了漕运仓储制度。咸丰五年（1855年）黄河改道，运河浅梗，河运日益困难。随着商品经济的发展，漕运已非必需，光绪二十七年（1901年）清政府遂令停止漕运。历代漕运保证了京师和北方军民所需粮食，有利于国家统一,并因运粮兼带商货,有利于沟通南北经济和商品流通;有利亦有弊,漕运的运费代价过高,尤以漕运徭役,征发既众,服役又长,以至于失误农时,故它又是人民的一项沉重负担。

春秋战国时期的内河航运

春秋时期的内河航运相当发达,"泛舟之役"就是一个突出的例证。据《左传》记载,鲁僖公十三年(公元前647年),秦国赈济晋国的几万斛粮食"自雍及绛相继"。雍是秦国的都城,在今陕西凤翔县,临渭水。绛是晋国都城,在今山西省绛县,傍汾水。运粮船由雍至绛,先沿渭水东下入黄河,然后逆流北上,东折入汾水。航程六七百里,首尾相继,浩浩荡荡,蔚为壮观。

春秋时期的长江航运较之内河航运更为兴盛。据《史记·张仪传》记载,张仪游说楚怀王时说:"秦西有巴蜀,大船积粟,起于汶山,浮江已下,至楚三千余里,舫船载卒,一舫载五十人与三月之食,下水而浮,一日行三百余里,里数虽多,然而不费牛马之力,不至十日而距扞关(扞关在楚的西界)。"

1958年,在安徽寿县出土了战国时期楚怀王赐给鄂地一个名叫启的封君的行路符节,叫"鄂君启金节"。节文规定,鄂君持有此节,可以集3艘船为1批,以50批即150艘为限,自武昌出发,在长江、汉水、湘江、资水、沅江、澧水和赣江航行,以达汉口、南昌、沙市等处,可免税通行,并可得到食宿优待。这从一个侧面说明,当时楚国已经设立了水路驿站,可见当时长江中下游地区航运的兴盛。公元前506年,吴王阖闾命伍子胥开凿了世界上最早的一条运河——胥河。胥河又称胥溪,它从苏州通太湖,经宜兴、高淳,穿石臼湖,在芜湖注入长江,全长100多公里,从而大大缩短了从苏州到安徽巢湖一带的路程。在胥溪开成的当年,吴王阖闾就率军从胥溪伐楚,取得了胜利。阖闾死后,夫差又派人开凿了江都到

战国鄂君启金节

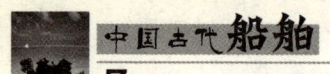

淮安长达185公里的邗沟。公元前484年，吴国军队从这条水路进攻齐国，又取得了胜利。连续两次胜利，使夫差更加清楚了开挖水路对军事的价值，于是又深挖了泗水和济水之间的菏水。这样一来，吴国军队从苏州乘船出发，从邗沟进入淮河，再从淮河进入泗水，然后通过菏水进入济水，就可以直达中原腹地，与中原诸侯国争霸了。关于春秋战国时期的海上交通，据学者们考证，这时候已经有了两条从中国通往日本的航线：一条为春秋时期所开辟，是一条借日本左旋环流漂流的单向航线；另一条则是战国时期开辟的，经由对马岛直驶日本北九州。

秦代的漕运活动

  尽管主要的漕运史研究观点认为漕运制度自秦朝开始，但在秦国统一六国的战争过程中，已经大规模地利用水运，并在战争中灵活地运用南北方的水路运输军粮和军队向东方进军，全国性的漕运活动已经开始出现。在以往的研究中，大都忽视了秦国组织的漕运活动与其统一活动的关系。

  春秋时期的秦国还僻处西北一隅，本不善水运，但曾利用黄河水运对饥荒中的晋国进行过一次大规模粮食支援。秦缪公十二年（前648年），"晋旱，来请粟。于是用百里奚，公孙支言，卒与之粟。以船漕车转，自雍相望至绛。"这种运输活动的规模很大，把陆地车运和黄河水运结合起来，但是不是制度化的活动，只是临时措施，不能算是真正的漕运活动，但其规模说明当时像秦国这样的较大诸侯国已经具备了组织大规模长途漕运的动员能力。以此推测，秦国在向东扩张，特别是对晋国作战的时候，完全具备组织大型后勤漕运活动的能力，在五霸当中晋国崛起比秦国要早，要更强大一些，可想而知晋国很可能拥有同样的漕运能力。到春秋战国之交，兼并战争加剧，国家的版图扩大，对交通的需求提升，集权制度下动员能力也得到大大加强。吴越等南方国家开始崛起，开凿邗沟、菏水等运河运兵运粮，北上争霸。战国时的魏国也开凿了鸿沟，组建本国的运河体系，建立仓储。秦国也迅速加入了利用水运的大国行列，其表现并不逊色于其他各国。

  商鞅变法后，秦国一跃而成为最大的军事强国，和六国之间呈现东西对立的军事格局。秦国地处西部，属中国大陆地理第二阶梯，位居大河的上游流域，向东方用兵有高屋建瓴之势，用水路运粮有顺流而下的便利。水运与陆运相比本来就具有成本低和运量大两个特点，因此受到秦军的青睐。为了在战争中获胜,秦国在灭六国的军事斗争中于北方利用了渭河、黄河、洛水、长江、汉水等河流的水运,采取了和地理形势相适应的军事交通运输方式,已经采用了类似漕运的方式运兵运粮。

汉代漕运

中国古代的漕运是指政府将所征收财物(主要为粮食)经水路解往京师或其他指定地点的组织和管理。水路不通处辅以陆运,多用车载(山路或用人畜驮运),故又合称"转漕"或"漕辇"。

秦朝秦始皇攻匈奴时,从山东向北河(今内蒙古乌加河一带)转运粮食;攻南越时,令监禄凿灵渠沟通湘江与西江水系运粮。楚汉相争时期,萧何将关中粮食转漕前线以供军食,为汉军的最终胜利提供了极大地支持。

西汉定都长安后,每年需从关东运输大量谷物以满足需求,转漕逐渐制度化。汉初,每年运量为几十万石。武帝初年,增到100多万石,以后又增到400万石。元封元年(前110年),根据桑弘羊的建议,令民纳粟补吏、赎罪,各农官又多增产,政府掌握的粮食大增,漕运一度增到每年600万石,一般则仍保持在每年400万石左右。漕运用卒达6万人,由各地护漕都尉管理,沿途县令也有兼领漕事的。漕粮则输入大司农所属的太仓。此外,在武帝连年用兵和开发西南时,用转漕运运输军队所需的粮食,费用浩大,甚至漕转一石沿途要耗费十余钟粮食,大大加重了人民的负担。

漕转关中,费用浩大,需时很长,动员人力很多,特别是漕船要经过黄河三门峡砥柱之险,粮食损耗很大。为此,西汉政府曾先后采取过多种改进办法,其中收效最大的是漕渠的开通。武帝元光六年(前129年),根据大农郑当时的建议,用三年时间,沿秦岭北麓开凿了与渭河平行的人工运河漕渠,使潼关到长安的水路运输的路程和时间大大缩短,从而大大减少了运输费用,还有利于沿渠民田的灌溉。这是汉代一项重要的水利工程。此外,宣帝时耿寿昌建议籴三辅、弘农、河东、上党、太原之粟以供京师,这种做法,对缩短漕运路线、减少漕运压力、避开砥柱之险起到了良好的作用。

东汉建都洛阳,从山东、河北、江淮等地转漕粮食到京师,路程较近,又不需经过砥柱之险,使漕运不再像以前那样困难。因此,光武帝初年省罢了护漕都尉,但此时漕运事业仍有一定发展。光武帝建武二十四年(公元48

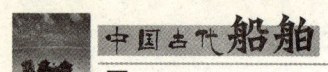

年）在洛阳南修阳渠引洛水以为漕。明帝永平十二年（公元 69 年）王景治河，自荥阳（今荥阳县东北）到千乘（今山东高青高苑镇北）海口，筑堤修渠，使新莽始建国三年（公元 11 年）黄河徙道后混流的黄河、汴河分流，便利了南来的漕粮自淮河入汴，北来的漕粮循河、洛而西，以保证京师的粮食供应充足，这是东汉漕运事业的最大成就。此外，如光武帝时王霸击匈奴，曾从温水（即漯余水，流经今北京北）漕运军粮，安帝时虞诩为武都太守，在沮（今陕西略阳东）、下辩（今甘肃成县西）间数十里烧石剪木开漕船道等，也都改善了各个地区粮食运输紧张的状况。

自秦始皇统一中国后，转漕问题就是运东方的粮食以实长安，因此秦政府即建全国最大的粮仓——敖仓于成皋（今河南荥阳西五里）。西汉时东方的粮谷多从此西运，东汉时置敖仓官，属河南尹管辖。

三国两晋南北朝漕运

淮河、长江流域是南北对峙政权的前沿，各方政府都十分重视通漕积谷。孙吴都京口（今江苏镇江），曾疏凿杜野（今镇江市东 15 里）至小辛（今江苏丹阳市北十余里）的徒阳运河。迁都建业（今江苏南京）后，又开凿小其（今江苏句容东南 17 里许）至云阳西城（今句容县南唐庄）间 30 余里的破冈渎，立仓储粮，以避长江漕路风涛之险。曹魏多次于淮河上游偏西之地，利用汝、颍、洧、渠四水，开贾侯渠、讨虏渠、淮阳渠与百丈渠，这一运河网东南沟通江淮，便于运兵运粮、屯田积谷。西晋末，鉴于徒阳运河位于地势高仰的镇江丘陵地段、河水南倾北泻的状况，于京口之南修建了江南运河上的第一座堰埭（丁卯埭），节制了河水的流失。东晋时，曾多次整治邗沟以改善江淮间的运输条件。邗沟与鸿沟、汴水等运河开通以来，淮北地区的泗水成了南方沟通中原和黄河下游的主干。谢玄北上伐前秦至彭城（今江苏徐州市）时，遇泗水洪流，军粮运输受阻，便建造七座堰埭，分段控制彭城东南 60 里的吕梁河等泗水支流。东晋时还于彭城之北开人工渠，使汶、济、泗诸水相通，泗水过彭城西，入汴通黄河。北魏经略江淮，于水道之沿立仓 12 处，储漕粮以供军需。

这一时期，针对各航段水位高下不一的状况，还建造了许多堰埭，使漕河人工化、渠化的水平提高，运载能力增强。

隋唐漕运

隋朝十分重视水利建设，先后修通了四段运道：山阳渎，自山阳（今江苏淮安）引淮水达扬子（今江苏仪征县治东南）入长江；通济渠，自西苑（今河南洛阳西）引谷、洛水达黄河，又从板渚（今河南汜县治东北20里）引黄河水通淮河，实际是利用汴水取直航道（唐代改名广济渠）；永济渠，北起涿郡（今北京西南），南通黄河；江南河，自京口至余杭（今浙江杭州）。隋唐大运河纵向沟通了海河、淮河、黄河、长江与钱塘江五大水系。

隋文帝开皇三年（583年），先后在河南、陕西运渠所在沿岸置黎阳、河阴、常平和广通等仓。招募运丁，运储河北、山西、山东等地粮食。隋朝灭了陈后，长安的粮食大都是从江淮地区输送过来的。炀帝又置洛口、回洛仓；储粮2600万石。

唐初，水陆运抵关中之粮仅10～20万石左右。高宗至玄宗前期，因河南至关中运道艰险，东南运路长年失修，故唐廷常驻东都（洛阳），"就食"太原、洛口仓（分别在河南陕州与巩县）的巨量积粮。开元中期，官府机构膨胀，特别是府兵制的瓦解，使粮物需求剧增。江淮地区在天下漕粮中的地位越来越重要，唐廷组织数千漕船，年运百余万石江淮租粮北上。裴耀卿主持漕政后，改"长运法"为转般法，按江南之舟不入黄河、黄河之舟不入洛口的原则，于沿河就势设仓，节级转运。水通则舟行，水浅则寓仓以待。3年运700万石，省脚费30万贯。天宝元年（742年），李齐物于三门峡附近凿开元新河；不久后，韦坚又开挖一条与渭水平行的漕渠，最终避开了运道下段的车载陆运。这期间最高运额达400万石。安史之乱时，东南漕路曾一度中断，转以长

隋朝大运河分布图

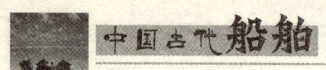

江入汉水，由陆路抵扶风（今陕西凤翔）。广德元年（763年），刘晏主漕政，针对时弊作全面改革：开掘汴河、疏浚河道；以盐利为漕佣，雇人运输；于河沿每两驿置防援300人以保安全；创纲运法，10船为纲，每纲300人，篙工50人，武官押运；按"江船不入汴，汴船不入河（黄河），河船不入渭（渭水）"的原则，改进转般法；据各航段水情分造运船，训练漕卒。改革成效甚著，但因政局动荡，年运江淮米多为百余万石，少则50万石。德宗时中原藩镇割据，扼断运路，只好从镇海军（驻江苏镇江）载江南粮，武装押运，直抵中原、关中，转般法中止。宪宗元和年间（806—820年）因李巽、王播等人的努力，曾一度恢复刘晏时的漕运水平。唐末漕政大乱，年运江淮米不过40万石，至关中仅十余万石。

贞观六年（632年）设"舟楫署"管理漕政，后来因为不符合需要又废除了。中期以来，因漕运日重，唐廷常令宰臣兼转运使等职，主管漕政。纲运制度形成后，制定相应奖惩制，责成地方长官分负其责，后进一步明确由沿河县令主持所在地段漕运事宜。

知识链接

隋代大运河的开凿

隋朝结束了已延续300多年的国内分裂局面，着手恢复和发展经济，并重视改善交通条件。

隋炀帝杨广继承文帝，"竭力加强中央对地方的控制，最重要的是营建洛阳和开通大运河"。大业元年（605年）三月，"辛亥发河南诸郡男女百余万，开通济渠。自西苑引谷、洛水达于河；自板渚引河通于淮"。"又自大梁之东引汴水入泗，达于淮；又发淮南民十余万开邗沟，自山阳（今江苏淮阴市）至杨子入江。渠广四十步，渠旁皆筑御道，树以柳"。春秋时期吴国所凿的邗沟，就是江淮间的运河，此次重开略循故道，故仍取邗沟之旧名。大业四年（608年），"春，正月，乙巳，诏发河北诸郡男女百余万

第四章 古代漕运与航海活动

开永济渠，引沁水南达于河，北通涿郡（今北京）"。大业六年（610年）十二月，"敕穿江南河，自京口（今镇江）至余杭（今杭州），八百余里，广十余丈，使可通龙舟"。

至此，大运河工程全部竣工。南北大运河的扩展和开凿，使黄河流域和长江流域两个经济发达的广大地区血脉相通，既推动了漕运的发展，也促进了造船业的繁荣。

宋代漕运

北宋漕粮分四路向京都汴京（今河南开封）集运：淮汴之粟由江南入淮水，经汴水入京；陕西之粟由三门峡附近转黄河，入汴水达京；陕蔡之粟由惠民河转蔡河，入汴水达京；京东之粟由齐鲁之地入五丈河达京。其中占据主要地位的是来自东南六路的淮汴之粟。中央三司使总领漕政，各路转运司（漕司）负责征集，发运司负责运输。北宋时对运河进行了一系列整治，恢复与完善了坝闸制，并创建复式船闸。加之北宋漕线较隋唐缩短近半，故运输能力大增。

黄河是汴梁的水源，其充沛期只有半年左右。为有效利用半年可航期，北宋仍承唐转般法，并以"平籴"为其基础，江湖、两浙、宿亳（淮南路）米麦，分别籴于真州（今江苏仪征）、扬州和泗州。发运使一员驻真州，督江浙等路粮运，一员驻泗州，负责真州至京师粮运。所在粮仓称转般仓，丰则增籴，饥则罢籴，将当纳粮额折交斛钱（额斛），另从本地仓储中代支起运（代发）；诸路运转司所征漕粮交发运司。若耽误可航期，发运司则以100万贯的"籴籴之本"，就近趁粮价贱而籴粮起运。此法自熙宁变法以来更趋完善，发运司的本钱从100万贯渐升，最高达350万贯，除可保证600万石的年运量外，真、泗二仓还有数年储备。江南各时路漕船按期至真州等仓后，还可装官盐返航，增加了效益。发运司掌6000只左右漕船，纲运制进一步完善。熙宁二年（1069年）又招募客舟与官舟分运，征召一批商船直运至

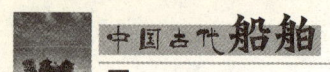

京。宋初东南六路漕米数目不定。太平兴国六年（981年）始定岁运江淮税米300万石，至道初（至道始于995年）560万石，大中祥符初（大中祥符始于1008年）700万石，其后渐升。真宗、仁宗朝（1023—1064年）因运河设施改善，年运量达800万石。漕运常额，自景德三年（1006年）定为600万石，自天圣五年（1027年）起暂减为550万石。金帛盐茶布等"东南杂运"均由运河运送。另如徐州冶铁，年运数达30万斤。徽宗、钦宗时政治昏暗，漕政败坏。蔡京废转般法，改直运法；"花石纲"等危害漕运事件屡有发生，故运量渐减。钦宗时汴京被围，汴渠溃决，运到汴京的粮食还不到常年的百分之一。

南宋漕运体系以临安（今浙江杭州）为中心作了重大调整。建炎年间，江浙、湖广、四川粮大多运往沿江重镇及抗金前线，后改运临安，运数大致仍为600万石。在诸路中，仅江西地区就占据了1/3，长江及江南河为运输主干，采取官运为主、商运为辅的方式。

元代漕运

历代的海上漕运在元朝时达到了一个巅峰，由最初的至元二十年（1283年）的年运量4万余石，到天历二年（1329年）最高年运量达350余万石，前后历经47年之久。元建都于大都（今北京），十分仰仗江南盛产的粮食，每年运输粮食的最重要任务便是海上漕运。

然而，早期为了要沟通北方的政治中心和东南的经济中心地区，元政府曾从事开通南北大运河，结果却未能完全满足需要，尤其是在粮运方面，不得不假道于海上。

张瑄和朱清是元代"海运"的主要创行者。据《大元海运记》卷下载，海漕运粮数字逐年增加。例如公元1283年（二十年）为4.6万石，公元1284年猛增到29万石。公元1286年为57.8万石，公元1290年为159.5万石，公元1305年为184.3万石，公元1310年为292.6万石，公元1315年为243.5万石，公元1320年为326.4万石，到公元1329年达到352.2万石，这是最高额。所用平底海船数额，在延祐元年（公元1314年）时，由浙西平江路刘家港开洋者为1653艘，由浙东庆元路（今宁波）烈港开洋者为147艘，合计共1800艘。此期船舶的载量是：小者2000余石，大者8000～9000石。

第四章 古代漕运与航海活动

对于张瑄、朱清的海运业绩，有一些蒙古族官吏并不赞赏，也有蒙古官吏因为朱、张二人是"南人"，所以屡次进言弹劾他们。还有阿八赤等人"广开新河"以运粮。惟忽必烈始终重用张瑄和朱清。至元二十八年（1291 年）世祖"罢江淮漕运，完全用海道运粮"。更升迁张瑄为骠骑卫上将军、淮东道宣慰使兼领海道都漕运万户府事，朱清为骠骑卫上将军、江东道宣慰使兼领海道都漕运万户府事，中书省奏准合并设立海道都漕运万户府二处。

元代曾对"海运"航线进行过两次重大改道。最初的航线（1282—1291年）是，从平江路刘家港（今江苏太仓浏河口）出航，经海门（今江苏海门）附近的黄连沙头及其北的万里长滩，一直沿着海岸北航，靠着山东半岛的南岸向东北以达半岛的东端成山角，由成山角转而西行，到渤海湾西头进入界河（即今海河口），沿河可达杨村码头（今河北武清县），便是终点。这一航线因离岸太近，浅沙甚多，航行不便，时间要长达几个月之久，且多危险。

至元二十九年（1292 年），朱清等决心"踏开生路"，粮船出长江口以后便离开海岸，如得西南顺风，一昼夜约行 1000 多里到青水洋，过此后再值东南风，四日便可到成山角，转过成山角，仍按原航线航抵渤海湾西头的界河。这一航线离开了多浅沙的近海，还利用了西太平洋自南向北的黑潮暖流，从而大大缩短了航行的时间。

至元三十年（1293 年），千户殷明略又开新线。从刘家港出发，由长江口出海后即直接向东进入黑水大洋，再直奔成山角，再转向西由渤海南部以达界河口。如果风向顺利的话，航行完全程只需 10 天左右时间。从连续 3 年间航线的两次变化，便可看出元代海运的创办者们勇敢的探索精神。

北洋，是指长江口以北的东海、黄海和渤海水域。通过海道运输粮食，其实早在秦代时就有发生，但其时的海漕规模小、次数少，多系战时应变部署。北洋漕运是真正大规模的海运漕粮的典型。

海运漕船主要有遮洋船和钻风船二型，钻风船约可载四百余石，遮洋船载货 800～1000 石。遮洋船是行驶万里长滩、黑水洋及山东半岛北面的沙门岛（今长岛县）航道，风险不大，建造费用仅及出使琉球、日本海船的 1/10，尺度比运河漕船略大，但舵杆必用铁梨木制，坚固可靠。延祐以来，海运船已航驶在离岸深水航道上，船舶体型和载量均增大。小者 2000 余石，大者 8000～9000 千石。当时以海关石计算，海关石等于 154.5 千克，说明延祐以来大小海船容量已从 300 吨增加到 1390 吨了。

知识链接

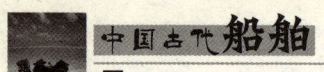

元代的内河漕运

元都大都（今北京），汴渠也因北宋末年战乱及黄河"夺淮入海"而失效，故大运河中段改南北取直，东移山东；海运的兴通使得元代的漕运进入了新的阶段。

元初漕运大致循唐宋大运河旧道入大都，但因旧运河失修，只能采取水陆联运的形式。至元十八年（1218年）修凿济州河，引汶、泗水经济州（今山东济宁）西北至须城（今山东东平）安山，南来运舟由徐州经济州河入大清河，至利津（属今山东）入海，海运至直沽，再水陆联运至大都。二十六（1226年）和二十八年（1228年）会通河（须城安山至临清）与通惠河（通州至大都）凿成，元代大运河全线沟通。此外，至元十八年凿成纵贯胶州湾与莱州湾的胶莱河，又形成一支海河联运路线：运舟从江苏淮安顺黄河（黄河"夺淮入海"前的淮河故道）东下出海口，沿海北上入胶莱河，再经海道至直沽。

从至元十九年（1229年）开始，内河漕政的管理逐渐趋于完善。江淮都漕司负责江南至瓜州（在今江苏六合）段，京畿都漕运司接收前司漕粮，负责中滦（今河南封丘南，黄河北岸）至大都粮运。二司各于其关键地设行司、分司，以求上下衔接，年运粮30万石。元代纲运划为两大组进行：短运（军般、短般），其中又分两段：南段由吕城（属今江苏丹阳）驻军运至瓜州，北段由汉军与新附军由瓜州运至淮安；长运，募民船承运，从瓜州起运至淮安，由淮安分司开闸放船入淮，再由中滦、济州分司派员分领纲船。另外，官府还在运河北段掌握了一批负责所在地屯田粮运输的官船。

中书省是海运的最高管理机构，其"左司"下辖"粮房六科"中的"海运科"为具体办事机构，主要则由分处南北的两大组织系统承办。南方的

"承运"系统最终定名为海道都漕运万户府（治平江，今江苏苏州）；北方的"接运"系统为"都漕运使司"（驻直沽河西务）与"京畿都漕运使司"（驻大都），前者主要负责接纳海道粮，兼及其他各路南来物资，后者将南来粮物运入大都各仓。南北两大系统各拥有布局合理的粮仓。

明代漕运

漕运在明代时发展到了一个新阶段。这时征运漕粮的有南直隶、浙江、江西、湖广、河南和山东6省。漕粮又按供应地区的不同区分为南粮和北粮。其数额，宣德时最高达674万石。成化八年（1472年）始规定岁运400万石的常额。大抵自正德、嘉靖以后，连漕粮改折（约100~200万石）在内才勉强达到此数。主要征自南直隶和浙江，约占全国漕粮的六成。除漕粮外，还有白粮，由苏州、松江、常州、嘉兴和湖州五府供纳，岁额为214000千石，均系当地出产的白熟粳糯米。在用途上，漕粮为京、边（北边）军饷，白粮供宫廷、宗人府及京官禄粮。

在中央，初步设置了京畿都漕运司，由漕运使负责。后废漕运使，置漕运府总兵官。景泰二年（1451年）始设漕运总督，与总兵官同理漕政。漕府领卫军十二总共127600人，运船11700只，另遮洋总（海军）7000人，海船350只，专职漕粮运输，称为运军。在地方，以府佐、院道和科道官吏及县总书等掌管本地漕事。中央户部和漕府派出专门官员主持各地军、民粮船的监兑和押运事宜。州县以下由粮长负责征收和解运。粮长下设解户和运夫，专供运役。

明代初期的漕运沿袭元朝，以海运为主，河、陆兼运为辅。一由江入海，经直沽口至通州，或径往辽东；一由江入淮、黄河，自阳武县陆运至卫辉府，再由卫河运至蓟州（今河北蓟县）。江南漕运，则由江、淮运至京师南京。以承运者而言，海运为军运，余皆民运。雇运权是一种辅助形式。永乐年间，明代的首都迁移到了北京，粮食需求日增，而海运艰阻，遂整治大运河，即从杭州湾通往北京的漕河。其办法：一是疏浚会通河，造漕船三千余只，以资转运。二是在运河沿岸淮安、徐州、临清、德州和天津五处建置漕粮仓库，亦称水次仓。

知识链接

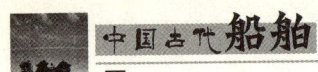

明代的漕运方法

漕运方法历经改革，在明代趋于完善，计有：

其一，支运法（即转运法）。永乐十三年（1415年）推行。规定各地漕粮就近运至淮、徐、临、德四仓，再由运军分段接运至通州、北京。一年转运四次。农民参加运粮即免纳当年税粮，纳当年税粮则免除运粮，其运费计算在支运粮内。由农民参加的运粮的比重约占支运的40%～50%。

其二，兑运法。自宣德五年（1430年）推行。各地漕粮运至淮安和瓜州，兑与运军转运；河南于大名府小滩兑与遮洋总海运；山东则于济宁兑与军运。农民需要承担军运的费用。次年，始定漕粮"加耗则例"，即按地区的远近计算运费，随正粮加耗征收，于兑粮时交给官军。起初兑运与支运并行，其后兑运渐居优势。

其三，改兑法（即长运法或直达法）。成化七年推行。由兑运的军官过江，径赴江南各州县水次交兑。免除农民运粮，但要增纳一项过江费用。成化十一年（1478年）改淮安等四仓支运粮为改兑。自此，除了白粮仍沿用民运外，其他的都实行官军长运制度。

为维持漕运，国家规定漕粮全征，不得减免，严格限制漕粮改折。只许在重灾、缺船或漕运受阻等严重情况下才可实行部分的改折，折征时正、耗各项合计在内。漕运的费用由粮户承担，包括运费、运军行粮及修船费等，均按正粮加耗派征。由于漕政腐败，各级官府贪污聚敛，加耗杂派层出不穷，从而大大增加了农民的负担，通常为正粮的2～3倍，甚至4～5倍。承运者无论民运还是军运，都是繁重的徭役。农民被迫应役，荒时废业，艰苦万状，又是遭风涛漂没，官吏勒索，势必负债赔纳，甚至家破人亡，被迫纷纷逃亡和进行反抗斗争。一般运军下层，亦遭受同样的苦累及长官的克扣，不断出现逃亡现象。

清代漕运

清代开凿中运河,彻底结束了借黄河行运时代,并建成黄、淮、运交汇枢纽,缓和河面比降,减轻浊流灌运,从而使漕运条件大为改善。漕运方法基本承明制,但又有下列名目(称漕粮本、折三大纲):正兑米,运京仓粮,定额330万石;改兑米,运通州仓粮,定额70万石;改征,将漕粮改征为其他品种;折征,将漕粮折算成银,价银统归地丁项内,上报户部。此外又实行截漕(各地漕粮起运后,地方遇灾,截留部分作为赈济,或截一地漕粮运往另一地)和拨运(主要指截留山东、河南所运蓟州漕粮,拨充陵寝及驻防兵米)等措施。漕船数与编制稍异于明代,一般以府、州为单位,10人一船,10船一帮,10船互保。总数由10455只升为14500只,而实际用于漕运的仅为7000只左右。每船装运量不得超过500石,另可装土产往返各口岸行销(后因运道淤塞而禁止)。清代最终实行官收官运,承运者是卫所军籍中较殷实的军丁(运丁)。发运时每船配运军1名,运副1名,雇募水手9~10名。各省运军水手多少不等,总数在10万名左右。漕运最高长官为漕运总督,驻淮安。其下为各省粮道,共7人,掌本省粮储,辖所属军卫,遴选领运随帮官员,责成各府会齐、佥选运军等;坐守水次,监督、验明漕粮兑换,面交押运官,并随船督行至淮安,呈总督盘验。押运,原为粮道之责,后选管粮通判一人,专门负责督押,约束运军,后来由于管粮通判官卑职微,便撤了这个官职,仍由粮道负责押运。领运官,由千总一人或二人领运,武举人一名随帮效力。为确保漕运无误,于淮安、济宁、天津、通州运河沿线设置巡漕御史,稽查本段漕运。此外,淮安淮北沿河置有镇道将领,以催促入境漕船前行;在镇江与瓜州的南漕枢纽处,由镇江道催促,同时由总兵官(后改为副将)巡视河岸,协同督促漕船过江。

河漕施行以来,经费拮据,弊窦丛生,于是有越来越多的人要求恢复海运。道光五年(1825年)于上海设海运总局,天津设收兑局,并特调琦善等总办首次海运。次年正月将苏州、松江、常州、镇江与太仓四府一州漕粮共1633000余石分两批载运北上。漕船从黄浦江出发,经吴淞口东向大海,行4000余里达天津收兑局验米交收。清廷特准商船载运免税货物两成往来贸易,调动了商船的积极性。海运粮占全部漕粮总数之半,节银米各10万。道光以

漕运码头场景复原

来河漕在 12～13 万石之间，海运粮则达 120 万石左右。

晚清时期漕运的衰落主要是由于以下一系列与漕运有关的事件：

1842 年，英军在鸦片战争后期，不惜付出重大代价攻占京杭大运河与长江交汇处的镇江，封锁漕运，使道光皇帝迅速作出求和的决定，不久便签订了《中英南京条约》。

1853 年后，太平天国占据南京和安徽沿江一带十多年，运河漕运被迫中断。太平天国时期的战争极其惨烈，其间运河沿线的主要城市，包括扬州、清江浦、临清、苏州和杭州都遭受重创，部分甚至全部焚毁。

1855 年黄河改道后，运河山东段逐渐淤废。从此，漕运主要改经海路。

1872 年，轮船招商局在上海成立，正式用轮船承运漕粮。

1901 年，停止运河漕运。

1904 年，撤废漕运总督。

1911 年，津浦铁路全线通车。从此，京杭大运河以及沿线城市的地位一落千丈。

第二节 古代航海活动

航海是人类在海上航行，跨越海洋，由一方陆地去到另一方陆地的活动。在人类的地理知识有限的时候，航海是一种冒险行为，因为彼岸是未知的世界。

中国古代航海简史

早在距今7000年前的新石器时代晚期,中华民族的祖先就以原始的舟筏浮具和原始的导航知识开始海上航行,揭开了利用原始舟筏在海上航行的序幕,这充分说明中国是世界海洋文化的发祥地之一。夏、商、周时期,由于木板船与风帆的问世,人们已开始航行到今日的朝鲜半岛、日本列岛和中南半岛。春秋战国时期,是我国古代航海事业的形成时期,人们已累积了一些天文定向、地文定位、海洋气象等知识,初步形成了近海远航所需的技术和相关知识,出现了较大规模的海上运输与海上战争。到秦汉时期,海船逐步大型化并掌握了驶风技术,出现了秦代徐福船队东渡日本和西汉海船远航印度洋的壮举。在三国、两晋、南北朝时期,东吴船队巡航台湾和南洋,法显从印度航海归国,中国船队远航到了波斯湾。

经过唐朝初期的"贞观之治"后,中国社会经济繁荣、文化发达,在国力强盛和造船技术进步的基础上,中国与西亚、非洲沿岸国家间的海洋航运有了很大发展。唐朝时由中国航海前往阿拉伯乃至非洲沿岸国家,已由过去的分段航行实现了全程直航,不再需要经印度洋沿岸国家换乘阿拉伯商船中转,而能直接抵达。

由于罗盘广泛地应用于航海,加上前人积累的牵星术、地文、潮流、季风等航海知识,以及造船技术的发展,特别是水密隔舱技术,使宋代后的航海家可以长年在海上远行。宋朝人开辟了具有重要意义的横越印度洋的航线,宋代航海家从广州、泉州起航,横越北印度洋,直航至西亚和非洲东海岸。

海上漕运占据重要位置是元代中国航海业的一个突出特点。元朝建都于大都(今北京),要解决京城地区及北方粮食紧缺问题,就必须从江南调运,其中海上漕运是主要途径之一。

在远洋航运方面,无论是航行规模,还是造船和航海技术方面,元代都超过了唐宋。元代较大的远洋船舶能承载千余人,有十余道风帆。阿拉伯的天文航海技术传入中国,也促进了中国航海技术的发展。

由于当时积极的航海贸易政策和以罗盘导航为标志的航海技术取得重大突破,使中国率先进入了"定量航海"的时期。中国舟帆所及,几乎达西太平洋与北印度洋全部海岸,与亚非120多个国家和地区建立了航海贸易关系。

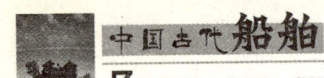

元代远洋航运的发展，促进了国内外贸港口的繁荣，尤其是泉州港，在元代经历了它历史上最辉煌的时期，不仅成为中国最重要的对外贸易港和东方第一大港，而且成为世界上最著名的海外贸易港。

元代民间航海家汪大渊曾于公元1330—1390年两次从泉州出发，航海远游，行踪遍及南海、印度洋，远达阿拉伯半岛及东非沿海地区。为此，他于公元1349年写成了《岛夷志略》一书，其中记述国名、地名达96处之多。

到明代永乐至宣德年间，中国航海家郑和七下西洋，遍访亚非各国，其船队规模之大、船舶之巨、航路之广、航技之高，在当时无与伦比。

郑和七下西洋的举措，开辟了海上丝绸之路，也创造了航海史上的奇迹。作为一位航海家，郑和具有的勇于奉献、向海洋探险的精神是罕见的，由中国郑和开始的海洋世纪，包含了东西方向海洋的开拓历程。沿着郑和开通的海道，大批中国人从此走出了国门。正是这种东西方向海洋的不断探索，最终使人类汇合到了一个整体世界之中。

然而，随着中国晚期封建主义逐渐保守与僵化，明清王朝对外闭关锁国，对内实行海禁，严重阻碍了中国航海业的进一步发展和航海科学技术的不断进步，使得中国的航海业急剧衰退。

夏代的航海活动

夏朝是中国史书上记载的第一个朝代。根据史书记载，夏朝是禹的儿子启废除了传统的部落"禅让"制，杀死益而称王，建立的中国历史上第一个国家。夏禹传子代替了以前的禅让制度，由禅让制变成王位的世袭制。夏朝共传13代，16王。如今的河南西部和西南南部一带是夏朝的中心区域。据说启死后，太康即位，出现了一时的政权更迭，即所谓"失国"。再经少康中兴，重建夏朝。到孔甲统治时，夏朝走向衰落。此后，三传至桀，夏朝灭亡。约400年后为商朝所灭。

夏代帝王为了巩固新生的奴隶制国家政权，南北征战，将其领土范围扩展到了滨海一带，其间两次兵渡黄河，航行规模声势浩大。

夏时，一些原居于东北地区、擅长航海活动的滨海夷族与中原王朝建立了臣属关系。在夏的全力组织下，进行了大规模的海上捕鱼活动。由此可以证明,这一时期的航海工具已经脱离木舟与浮筏阶段了。

古籍中有"夷有九种"的说法,如九夷、东夷等。原属东夷人的殷人,居住在今东北的西南部和河北省的东部。殷人后来扩大了生活范围,越过渤海继续南下,到达了山东半岛,再进入豫、陕中原。北魏崔鸿在《十六国春秋·前燕录》中记下了一条极有价值的远古传说:"昔高辛氏游于海滨,留少子厌越以居北夷,邑于紫蒙之野。"高辛氏即帝喾,厌越当即殷祖契,滨海就是北海(今渤海)之滨。紫蒙,指今辽宁省朝阳市西北以赤峰为中心的老哈河一带。从这条记载,再结合古代文化类型的传播态势,不难想像,殷人当时在渤海水域沿岸航行以及横渡渤海海峡的航行已有了一定的规模。

《诗经·商颂》载:"相土烈烈,海外有截。"这句话是说,威武的相土,治国有方,使教令统一,四海臣服。相土是契的孙子,其时居住在今河南省商丘,汤的十一代祖,虽属商世系,但却是夏代的人物。"海外"之域,有人认为大约在今辽西地区,也有人考证后认为是朝鲜。

由此推测,在夏朝时很可能就已经建立了一条从山东半岛出发,渡渤海海峡,到辽东半岛滨海地区,再继续沿黄海北岸东行,到达朝鲜半岛西海岸的海上航线。

商代的航海活动

商朝的建立者殷人,水性极强,平素里就喜欢在水上航行。所以,商朝的统治者对航运十分重视,并将航运作为立国大计之一,其间的迁移、贸易、征战等络绎不绝。

在商代,奴隶被奴隶主视为是一种私有财产,奴隶完全没有人身自由。在残暴的统治之下,奴隶的死亡率不断上升,因此,奴隶主为补充劳动力而常追捕奴隶。在这类罪恶的掠夺活动中,商代帝王也动用了大量船只。卜辞上就有这样的记载:"癸酉这天,贞人亘卜问:'逃亡的奴隶能否捉回来?'殷王观视匕后,占测说:'可以捉获。可能在甲日或乙日捉到吧?'甲戌那天发现逃亡的奴隶过了河,于是出动舟船追捕。但由于舟船长久被陷、搁浅,所以没有捷报送上来。直到十五天之后,才捉到了逃亡的奴隶。"

在卜辞中也多有记载,除此之外,小辞中还记载有将船只作为贡纳之品

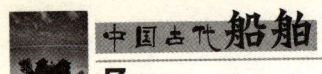

的等等。由此可见，商代驶船行舟已极为普遍。

在商代时，海外贸易已经崭露头角。从殷墟遗址中出土的鲸鱼骨、海贝、大龟、象牙、蚌壳等可以看出，商代是一个商贾云集、市肆繁茂的都城。那么，这些原产于南海、东海或南洋一带的物品是如何到达商朝的呢？由此可知很可能商代中国东南或南部沿海船民与海外地区已存在一定规模的航海贸易。

除此之外，在古籍《尚书大传》中也有记载说，商代末年，周文王曾被商纣王囚禁在今河南汤阴北，散宜生为救文王向商纣王献上了大周的宝物大贝、砗磲。砗磲是贝类中最大的一种，产于热带远海，由此也可想像当时远洋贸易的规模之大。

知识链接

明清苏州水运的繁荣

明清时期，中国最繁荣、最富裕的水乡城市便是苏州了。上海初崛起时，曾有"小苏州"之称。苏州倚南北大运河，以江南为腹地，集散各种农产品和手工艺品，又是中国精致手工艺品的出产地，除瓷品由江西景德镇独领风骚外，丝织、玉器、漆器、竹木器、家具等都以苏州最称工巧。苏州的进士、状元最多，文风最盛，生活最讲究，园林最集中，可说是封建社会后期中国精致生活情调的代表性城市。康熙、乾隆南巡时都曾到过苏州。

乾隆二十四年（1759年），徐扬画了张长12米的《盛世滋生图》，又称《姑苏繁华图》，献给乾隆皇帝。图绘人物约12000多人，各类船约400只，商店230多家。该图卷纵36厘米，横1000厘米，由辽宁省博物馆收藏。苏州是鱼米之乡，其最重要的交通运输工具便是船只。运货的船种多为乌篷船和白篷船等。在河道中有座船、渡船、客货两用船，有的撑篙、有的摇橹，还有一类作为游船的灯船，由船头到船尾挂上10多盏羊角灯，夜里张灯河上，游览宴饮。

西周时期的航海活动

商朝以后兴起的西周，在推行奴隶制的残酷性方面较前有所缓和，所能容纳的奴隶劳动力相对增加。因此，西周的生产力获得了进一步发展，开创阶段的中国航运事业继续上升。

西周的统治者对航行与舟船十分重视。《诗经》中曾记载了文王船队在泾水上划桨前进的浩荡气势。在周朝，舟船的享用，是区别贵族与庶民等级的重要礼仪器具之一，所谓"天子造舟，诸侯维舟，大夫方舟，士特舟，庶人乘泭"就是最有力的证据。周武王时，还特设了专门管理舟船的官吏，称为"舟牧"或"苍兕"，建立了一定的舟楫检查制度。由此可见，西周时的水上航行活动已相当频繁了。

西周王朝历来将舟船作为争霸天下与拓展疆域的重要战略手段之一。据《史记》称，武王十一年（约公元前1057—前1027年），商朝的政治破败时期，周武王率领800诸侯，300辆战车，虎贲3000，甲士45000人东征，至黄河古渡口孟津。武王与军师姜尚指挥数万兵马，登船驾舟，横渡天堑，直捣商都朝歌（今河南省淇县）。到公元前1002年，周昭王又率15000众攻伐楚国，行军至汉水边，命百姓于3天内赶造运兵船数百艘，百姓无奈，以胶粘船，周昭王率军过河，半渡船解而溺。

在西周时期，东方沿海一带居住着势力强大的夷族越人，如山东半岛东部的莱夷，淮水下游的徐夷、淮夷以及吴越地区的吴人和越人等。他们历来擅长航海，富有水上活动经验。因此，山东半岛的航海业很早便开始发展了起来。徐夷的国君偃王诞，约生活于公元前10世纪，也是重视航行、善于治水之人。淮夷也活跃于沿海水域。

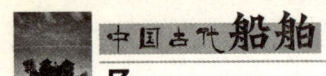

东南滨海的吴人、越人则更是有"文身断发"习俗,他们"水行而山处,以船为车,以楫为马,往若飘风,去则难从"。史载"周成王时,于越献舟"。

周成王(公元前1024—前1005年)时,我国江、洞、淮、济四大河流,平行东流入海,越人早在沟通南北的运河还没有开凿之时就贡献了船只,当时从今天的浙江东岸出发,可能沿海北上,才能驶入较近的淮水或较远的济水,向西到达周王朝统治的中心地区。当时的淮水约在今江苏省阜宁附近入海,济水约在今山东小清河口附近入海。由此可知,西周时代由今浙江东部直达江苏东北部或山东半岛北部的东海与黄海沿岸航路,已经有文字记载了。

在与海外远域的航海交往方面,西周时期也已有所记载了。据记载,西周时期与南方的越裳和东方的日本之间的海上交通已初具雏形。

春秋战国沿海航路与海上运输

春秋战国时期,海上强国之间的争霸斗争,对沿海各区域以及通海江河各水段的航路通达起到了重要推动作用。渤海与渤海海峡横渡的航路,环绕山东半岛的航路,由浙江沿海至山东半岛的航路,江浙闽粤之间的沿海航路以及江水、河水、济水、淮水、泗水各大川的航路和人工运河,太湖、射阳湖等航路,都成为当时舟船频相出没的交通干道。

"沿于江海,达于淮泗",说明在春秋战国时期,一个江海交叉的综合航行网络已开始形成。《史记·越世家》中说,范蠡辅助越王勾践灭吴称霸后,认为此时国家已定,不必在大王身边了,于是,他乘船泛海出行,终不返。从上述这一点可以肯定,当时进行长途的江海跋涉已较为常见。

在航路畅通无阻的同时,各个濒海沿江的诸侯国,出于自身的政治、军事、经济考虑,均全力发展水上航运业。他们利用船舶作为运送物资、人员的交通工具,即使连偏隅内地的国家也尽力凭借江河而为之。如秦国的司马错在攻打楚国时,就动用了近万艘大船舶,运送巴蜀一带民众10万和600万斛米。由此可见,春秋战国时期的航运规模已经相当巨大。因此,为了有效地推动并控制水上运输,有的诸侯大国已着手于施行航运管理。

春秋战国时期,海上运输的规模已经相当庞大,最为著名的是越国曾两次迁都,其海上航行规模殊为显赫。

第四章 古代漕运与航海活动

知识链接

秦始皇巡游海上

秦始皇曾先后四次巡游海上,即公元前219年、公元前218年、公元前215年、公元前210年的四次巡游海上。秦始皇的巡海大大加强了航海事业的发展。如果说夏、商、周时我国的航海事业只是一个初创时期,那么到了秦统一中国后,我国的航海事业就步入了它的发展阶段。

秦始皇先后进行的,促进了政治、军事、经济的发展。这一时期齐、燕、越等沿海地带刚刚建立,秦始皇巡海到了各地去了解情况,进行招抚工作,有力地加强了统治,防止了政局的变动,消除了六国贵族的仇视心理,打消了他们妄图复国的计划。秦始皇曾在泰山碑文上写道:"既平天下,不懈于治",表达了秦始皇治理天下的宏伟壮志。秦始皇还采取了移民改俗、屯戍海防的措施,如把越人强行迁徙到江、淮、徐、泗地区,把内地囚徒迁到了越,让他们开荒种地,刻石立碑,以此来炫耀秦始皇的威德。他还利用沿海海港地区的经济、航海力量支持边防军事所需;不仅要发展中原以外的经济,而且要通过沿海港口向海外谋取经济利益。秦始皇统一岭南后就取得了"越之犀角、象齿、翡翠、珠玑"。秦始皇曾多次航行于江河湖海,如果当时没有较发达的造船、航海业是不可能的。这说明我国的造船航海业在秦朝时期便已进入一个新的时代。

假使对中国古代历代皇帝的交通行为进行总体比较的话,秦始皇在当时的交通条件下,其出巡密度、行程距离、交通效率,都应当列名于历史排行榜的前列。

汉代航海活动

汉代在我国船舶发展史上占有举足轻重的地位。汉代的船舶已不是一般的木板船,而是有较为发达的上层建筑。船的种类也日渐增多,属具基本齐备,像橹、船尾舵等都是这一时期的重要发明。风帆的出现,使中国进入了利用自然风力作为船舶动力的时代。由于风帆的使用,船舶的动力增大了,船舶的载重量也随之增加,从而能容纳更多的兵员和武器装备,储备更多的食品和淡水。由于战船的使用,水上机动能力提高了,能够更有效地使用武器,特别是实施火攻和发射火器。这就为中国古代海军的远洋航行和作战开辟了广阔前景。汉代造船能力的提高、船舶形制的改善、船舶属具的日趋完备,为汉代水上交通的发展创造了物质条件。汉代已经拥有了四通八达的内河航运。由于汉武帝开边和巡海,沟通了我国北起今辽宁丹东,南至广西北仑河口的南北沿海航线。此外,两条国际航线也已开通。一条是沿山东海岸经黄海通向朝鲜、日本的北航线,另一条是从广东番禺、徐闻、合浦经南海通向印度和斯里兰卡的南航线。

这条南航线,是汉武帝于元鼎六年(公元前111年)统一南越之后开辟的通向西方的"海上丝绸之路",史称"徐闻、合浦南海道"。据《汉书·地理志》记载,"自日南障塞、徐闻、合浦船行可五月,有都元国;又船行可四月,有邑卢没国;又船行可二十余日,有谌离国;步行可十余日,有夫甘都卢国。自夫甘都卢国船行可二月余,有黄支国……自黄支船行可八月,到皮宗;船行可二月,到日南、象林界云。黄支之南,有已程不国,汉之译使自此还矣"。以今天的地名,这条"海上丝绸之路"的走向表达如下:从徐闻、合浦出航,沿北部湾西岸和越南沿岸航行,绕过越南最南部,沿暹罗湾沿岸,顺着马来半岛海岸南下,进入马六甲海峡,到达都元国(今印尼苏门答腊西北巴塞河附近)。再从都元国绕航,沿马来半岛西海岸北上,到达邑卢没国(今缅甸南部萨尔温江入海口附近)。从这里沿缅甸西海岸向西北方向航行到谌离国(都城在今缅甸蒲甘城附近)。然后沿印度东岸向西南航行到达黄支国(印度南部),最后向南航行,到达已程不国,即今天的斯里兰卡。然后由此回国,往返一次需要28个月,航程达数万公里。

远在2100多年前的西汉时期,我国的海上航线就可东至日本,西抵印度半岛南部、南达南洋群岛、北到朝鲜。应该说,这是世界航运史上的一大创举,为我国后世航海事业的发展奠定了基础。

第四章 古代漕运与航海活动

知识链接

上海沙船业的形成和发展

沙船其船型的形成可追溯到南宋时期名为"防沙"、"平底"的战船。明嘉靖年间成书的《南船记》中有"二百料巡沙船"。明嘉靖年间成书的《筹海图编》是最早出现"沙船"图和文字的文献。明朝的嘉靖年间，正式确认了"沙船"之名。

康熙二十三年（1684年）开放海禁，南北沿海航路畅通，沙船有了发展的契机。前代的沙船聚集在苏州管辖下的浏河口，清代的上海已成为苏州的外港，所以大批沙船改泊在上海的吴淞口。到了乾隆年间，上海的沙船已是"舳舻相衔，帆樯比栉，不减仪征、汉口"。

上海位于长江三角洲经济最发达的地区，它既是长江航运与沿海航运的枢纽，又是沿海航运的中心之一。沙船聚于上海，约3500～3600号，其船大者载官斛3000石，小者1500～1600石。清代每年有大量的大豆、豆油、小麦等经由牛庄、天津等港埠南下上海，转口入长江西运，又有大批棉布、丝绸、茶叶、糖等由上海转口北运。沙船南下时以大豆为大宗，因此被称为"豆船"。沙船北上时以棉布为大宗。

沙船，由于吃水常受限制，为增加单船的载量，则船长相对较长，长与宽之比值较大，适宜于采用多桅多帆，从而大大增加了沙船航行速度。由沙船图可见，其尾桅尾帆实大有助于船的操纵，尽量设在船体的尾端。为了调控尾帆的缭绳以操纵尾帆的帆角，将沙船的虚梢尽量伸向船后。

道光五年（1825年），"洪泽湖决，漕运梗阻"，江苏巡抚陶澍策划海运漕粮160余万石，并亲赴上海筹雇商船，体恤商艰，群情踊跃。清末重开前代海运漕粮之策，沙船发挥了重大作用，航商也获得了显著的经济效益。海上漕运使上海沙船业在鸦片战争前的道光年间得以充分发展，常年保有2000艘的水平，总吨位约为37万吨。

隋代海上交通的发展

隋炀帝醉心于游乐和黩武。此两项弊政，耗资巨大，导致隋朝迅速灭亡。但从另一个角度来看，在这种虚荣的追求之中，却也间接地提高了中国的造船技术，发展了海上交通。

隋代十分注重大陆沿海和台湾之间航运的发展，并开始开发台湾。台湾在当时称琉求，隋炀帝在大业三年和大业四年，两次派羽骑尉朱宽入海慰抚琉求。大业六年（610年）又命陈棱和张镇州带兵1万多人，从义安郡（今广东潮州市）航海出发，经高华屿和奎辟屿（即现在的花屿和奎辟屿，属澎湖），到达流求，进行"慰谕"，并在琉求留居了一个时期才回来。可见，自隋以来，祖国大陆与台湾之间的航海通商联系已日益密切。

隋代发展海上交通远及东南亚一带。大业三年（607年）"屯田主事常骏、虞部主事王君政等请使赤土"。"赤土国，扶南之别种也。在南海中，水行百余日而达所都。土色多赤，因以为号。东波罗刺国，西婆罗娑国，南诃罗旦国，北拒大海，地方数千里。"据《隋书》记载："骏等自南海郡乘舟，昼夜二旬，每值便风，至焦石山（今越南岘港）而过，东南泊陵伽钵拔多洲……又南行，至狮子石（今越南南部海岸外之昆仑岛），自是岛屿连接。又行二三日，西望见狼牙须（今泰国北大年一带）国之山，于是南达鸡笼岛（或即马来半岛东岸外之大雷丹岛），至于赤土之界。"可知赤土国实位于马来半岛的南半部，位于它东部的波罗刺国就是现在的加里曼丹岛（婆罗洲）。

常骏之出访，不仅使中国与赤土国的外交关系得以加强和发展，而且极大地推动了南海其他国家同中国的联系，如林邑、真腊、婆利等国皆向隋遣使贡献。常骏等人归国后著有《赤土国记》二卷，另有人撰成《真腊国事》一卷，这些著作虽多已湮灭无闻，但其菁华则被《隋书》和新旧《唐书》所采录，成为现在考古学家研究当时经济和文化的宝贵史料。中西交通史学者张星烺则写道："炀帝

木雕艺术——打渔图

好勤远略，亚洲西部各国，如波斯等，并遣使贡朝。而西域，龟兹，天竺……歌曲音乐，亦于是时输入中国矣。"

唐代广州通海夷道及海舶

由广州出发，经南海，到达今马来半岛的南端新加坡及苏门答腊岛一带，出今马六甲海峡再经尼科巴群岛即到达今斯里兰卡和印度。这条航线，实开于西汉时代，只不过当时这条航线的西端止于印度，且中国航船常借助"蛮夷贾船转送致之"。但在唐代已有极大改观，不仅无需陆路转运和沿岸逐岛航行，而且可以跨海直航，从而大大延伸了主航线。从印度半岛南端，沿今阿拉伯海东岸一直驶入阿曼湾和波斯湾，到达当时的乌剌国，即今阿拉伯河下游及阿巴丹港一带。溯河乘小船而上可到达今伊拉克的巴士拉，再西北行即可到达今日的巴格达。这条由广州出发一直到波斯湾东岸的乌剌国，是为"东岸路"。还有一段是从东非的三兰国（被普遍认为是今坦桑尼亚的达累斯萨拉姆）出发，沿印度洋西岸北行，再绕过阿拉伯半岛到达今阿曼的苏哈尔一带，经波斯湾中的巴林岛，而到达乌剌国，与东岸路会合。

由于海上交通和对外贸易的发展，唐代在广州设立了市舶使的官职统管诸项事务。建于8世纪初期的市舶司，是中国最早职掌海运及海关事务的机构。

在唐代我国远洋航行的海舶中，以船身大、容积广、构造坚固、抵抗风涛力强以及我国船员航海技术纯熟而著称于太平洋和印度洋上。东晋高僧法显（约337—422年）由印度自海路回国时所乘"商人大船"，每船大约载200余人。到了唐代，大的船舶长达20丈，可载600～700人，载货万斛。由于唐代中国海船这样巨大，所以在波斯湾内航行时只能止于阿拉伯河下游及今阿巴丹港一带，如再向西至幼发拉底河口，需要换小船转运商货。鉴于中国海船坚固且完善，所以自唐代末期（9世纪）以后，阿拉伯商人来中国都希望搭乘中国海船。迄今为止，我国尚未发现有唐代的海船出土，因而缺少其形象资料。我国甘肃敦煌莫高窟现存的壁画和雕塑作品，反映了我国从6世纪至14世纪的部分社会生活，其中第45窟就有唐代海船的壁画。壁画中的海船虽然并不能反映出当时船舶的技术水平的典型性，但显而易见的是唐代的航海和船舶已经成为当时社会生活中值得重视的事物。

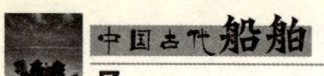

宋朝的航海业

宋代的海外贸易在以往历代中达到了一个高峰。为了增加财政收入，宋政府十分重视海外贸易。宋太祖开宝四年（971年），在广州设市舶司，后在杭州也设市舶司，广州、杭州二市舶司掌管岭南及两浙路各港对外航海贸易收税等事务。后又在明州设司，广州、杭州、明州合称"三司"，以后又在泉州和密州板桥镇（山东胶县境）设二市舶司。到南宋时，除了密州被金占领外，其他市舶机构仍存在。广州、泉州二市舶司较为稳定，成为发展航海贸易的重要机构。宋代市舶司类似近代海关，商船出海必先呈报市舶司领取公凭才能启行。外国商船到达我国港口必先报告市舶司，由其派人上船检查，征收其货物的1/10作为进口税收（叫"抽分"）。抽取的货物解送京城上交国库叫"抽解"，"抽解"是政府的重要财政税收。规定十种货物为禁榷物，即玳瑁、象牙、犀角、宾铁、皮、珊瑚、玛瑙、乳香、紫矿、鍮（即黄铜）石。全部由市舶机构收购，其他货物也收买一部分，总称为"博买"。抽分是实物税收，博买是带有强制性限价收购的一种变相市舶税。抽解和博买来的货物一律送交中央政府。南宋政府鼓励富豪打造海船，购置货物到海外经商。南宋政府还制定了有关海外贸易的奖惩制度。能招徕外商的升官，影响海外贸易的降职。

由于海外贸易的推动和航海技术的进步，我国的造船业在宋代时期有了新的发展，进入了一个高峰阶段。宋代很多地方设立了造船场、造船坊，特别是东南沿海的广州、泉州、明州、温州以及杭州等地都形成了制造海船的重要基地，不但有官方的造船场，也有很多民间的造船场。大海船中也有很多民船。战船中也有很多是征发民船而来的。宋代的造船、修船已经开始使用船坞，并创造运用了滑道下水的方法。

宋代的舟船制造量多质高，极大地推动着航海事业的发展。宋的造船业比以前更具有特色：船体更巍峨高大，结构更坚固合理，行船工具更趋完善，装修更为华美，特别是开始使用指南针进行导航，开辟了航海史的新时期。宋船头小，尖底呈V字形，便于破浪前进。身扁宽、体高大、吃水深，受到横向狂风袭击仍很稳定。同时，结构坚固，船体有密封隔舱，加强了安全性。底板和舷侧板分别采用两重或三重大板结构，船上多樯多帆，便于使用多面风。大船上又都设有小船，遇到紧急情况时可以救生、抢险。每只船上都有大小两个锚，行船中也有探水设备，这些都为远洋航行创造了物质条件。

宋代所造一般的海舶叫"客舟"，"长十余丈，深三丈，阔二丈五尺，可载二千斛粟"，"每舟篙师水手可六十人"。内部有独特的水密舱构造。客舟分3个舱：前一舱底作为炉灶与安放水柜之用。中舱分为4室。后舱高一丈余，四壁有窗户。"上施栏楯（即栏杆），采绘华焕而用帘幕增饰，使者官属各以阶序分居之。上有竹篷，平日积叠，遇雨则铺盖周密。"（《宣和奉使高丽图经》）

"神舟"的规模远远大于"客舟"。宋神宗元丰元年（1078年）派使臣安焘、陈睦往聘高丽，曾命人在明州建两艘大海舶，第一艘赐名"凌虚致远安济神舟"，第二艘赐名"灵飞顺济神舟"，自浙江定海出洋到达高丽。高丽人民从没见过这样的神舟，"欢呼出迎"。宋徽宗宣和五年（1123年）再次派使臣去高丽，又在明州建造了两艘巨型海舶。据史载，它们"巍如山岳，浮动波上，锦帆鹢首，屈服蛟螭"。到达高丽后，高丽人民"倾城耸观"、"欢呼赞叹"。"神舟"大者可达5000料（1料等于1石）、500～600人的运载量，中等1000～2000料，也可载200～300人。

元代航海业

元朝（1279—1368年）是一个强大的帝国，在成吉思汗及其继承者们率领下的蒙古大军东征西讨，到处诉诸武力。在政治和文化上，元代吸收了许多被征服的国家尤其是南宋的宝贵传统，并大力加以发扬。元朝在海上交通方面也是如此。

元世祖忽必烈灭宋以后，收纳了南宋许多和航海事业有关的人才。其中最著名的，有曾在南宋时任提举泉州市舶30年、拥有大量海船的蒲寿庚。蒲寿庚降元后，大受宠信，先后升任到闽广大都督兵马招讨使、江西省参知政事、中书左丞等职，并受命诏谕海外，以复互市。此外，还有南宋末年长江口的崇明人朱清和嘉定人张瑄。他俩全是渔民出身，一同贩过私盐，也做过海盗，官吏搜捕紧急时，则航海北逃到渤海一带，因此他们对海道和航海业务十分熟悉。被忽必烈收用后，曾随元丞相伯颜浮海南下攻灭南宋，后来成为"大元海运"的主持人。

元承宋制，宋代的诸海港在元代仍发挥着重要作用。元代也和宋代一样，在全国几个重要海港分设市舶司，主要有三处，即泉州、广州、庆元（今宁波）之市舶提举司。除此之外，其他设立过市舶司的还有上海、澉浦、温州、杭州等处。元代这些设立市舶司的地方，都在长江口以南，在长江口以北的海上交通运输主要是兴办"海运"。

元代对对外经济与文化交流十分重视，海外来中国的各界人士甚众，且多受到元朝廷的优厚礼遇，有的还在元朝位居要职。同时，元朝也不断派出使节、游历家等至海外通好，其中影响较大的有亦黑迷失、杨庭璧、周达观、汪大渊等。

亦黑迷失，今新疆维吾尔族人，是元初的著名航海家和外交家。他曾任兵部侍郎，荆湖、占城等处行中书参知政事，两次奉诏参与元朝对东南亚的军事行动。至元九年（1272年）起，屡次出使僧伽剌（今斯里兰卡）、八罗孛国（今印度东南部泰米尔纳德邦境）等国。以后又至占城（今越南南部）、南巫里（今苏门答腊西）、速木都剌（苏门答腊）等国。他的出使密切了元朝与海外诸国的关系，扩大了元朝在海外的影响。官至平章政事，仁宗念其屡使绝域，诏封吴国公。

元代出使海外的外交家中成绩最为显赫的要属杨庭璧了。在杨庭璧等屡次出使俱篮及南海诸国的影响下，到至元二十三年（1286年），与中国建立航海贸易关系的已有马八儿、须门那、僧急里、南无力、马兰丹、那旺、丁呵儿、来来、急兰亦带、苏木都剌等10国。

元朝廷在遣使沟通西洋航路的同时，还派人加强同邻近国家真腊（今柬埔寨）和占城（今越南中部）的海上联系。元贞二年（1296年）周达观随使臣出使真腊，前后三年，谙悉其俗，返国后遂记其闻，撰成《真腊风土记》一书，约8500字。该书虽不长，但记载了柬埔寨13世纪末叶社会生活的情景，生动而翔实。

在周达观赴真腊30多年后，又有汪大渊两下西洋之举。汪大渊根据自己两次下西洋的经历，撰成《岛夷志略》，记载他所到达之地有200余处，几乎包括现在的越南、柬埔寨、泰国、新加坡、马来西亚、印尼、菲律宾、缅甸、印度、斯里兰卡、马尔代夫、沙特阿拉伯、伊拉克、民主也门、索马里、坦桑尼亚、肯尼亚等国家的广大地区。值得指出的是，汪大渊在当时仅为一介平民，名不见经传。他能够不畏艰险，独身附舶，远洋跋涉，遍游东西洋诸国，实在难能可贵。而他所撰《岛夷志略》，内容宏富，分条细致，记载翔实，可补正史之缺，纠前人之偏，诚为中外海上交通之珍贵史料。这也正标志着元代海外交通的发展。

元代中国船舶、商旅较之唐宋时期，更为频繁地进出与往返南海至东、西洋之间，中国对西方国家的了解也大大加深了一步。

知识链接

魏国航海及其与日本的海上交往

三国时期的魏国地处中原，它的整体实力要强于吴、蜀等国，可是，魏国的航海技术和航海能力则不如吴国。强大的魏国在这一时期的航海活动，主要是在近海沿岸进行的，如田豫水师之破吴使船队于成山水域；但有时候也有较长距离的航海远征，如魏咸熙元年（264年）四月，趁着东吴重兵围攻巴蜀这一时机，"魏将新附督王稚浮海入句章（今浙江省宁波市），略长吏赀财尽男女二百余口"。

魏国在与日本列岛的海上交往上取得了一定成就。

魏景初二年（238年），魏军打败了公孙渊，势力向东扩展到了东及朝鲜半岛带方、乐浪、玄菟等地，这一时期，声威远播。同年六月，"倭女王遣大夫难升米等诣郡，求诣天子朝献"，并"男生口四人，女生口六人，班布二匹二丈"。魏明帝对此深为嘉许，于是，封倭国女王"亲魏倭王"，同时，赐给了她金印紫绶和大量的金、珠、刀、铜镜以及各色丝绸织品。于此可见，在公元238年魏与倭就已经有了一定的友好往来。

据《三国志·魏书·倭人传》记载：正始元年（公元240年），魏明帝为了加强与倭国之间的友好关系，派带方郡太守弓遵等人，"奉诏书印绶诣倭国，拜假倭王，并赍诏赐金、帛、刀、镜、采物。以示和倭国的友好往来"。倭王也对魏王的厚礼表示了答谢。

正始四年（243年），"倭王派遣使大夫伊声耆、掖邪狗等八人"，渡海到魏国，"献上生口、倭锦、绛青缣、绵衣、帛布、丹木、拊、短弓矢"。从倭王所献之物来看，倭国已开始有一些初级的丝织品，这说明日本已经通过航海途径学到了中国的丝织技术。日本学者布目顺郎认为，在日本冈山县津山市的月轮古坟中出土仁德朝（公元313年）的平纹绢80种，质地较厚，可能与上述称"缣"的织物相当，估计是用无扣织机织成的，比以前原始织机的功效提高了5~6倍。

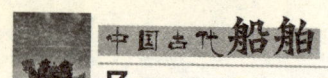

到了元始六年（245年），魏国为嘉奖倭女王派出了使者，"诏赐倭难升米黄幢。付郡假绶"。这是魏国使者第二次渡海赴日。

从238—247年的短短10年中，魏、倭共有6次使节来往，由此可见当时中日海上交通之频繁。

明代航海业

明代的航海业继承了宋元以来繁盛的海上交通传统，有很充实的基础。明代初年为要保证北平、辽东的军需，仍沿元代的传统经营"海运"，把江南的粮食运往北方。永乐元年（1403年），将北平改称北京顺天府，漕粮的需求增加。直到永乐十三年（1415年）5月，大运河整理"工成"。增置浅船3000余艘，设州区徐、沛、沽头、金沟、山东、谷亭、鲁桥等闸，漕运直达通州（今北京市通县），而海陆运俱废。

1. 海上航运

由佚名作者成书于嘉靖庚戌年（1550年）的《海道经》，详细记述了明初经营"海运"的航线：

其一，由长江口的刘家港到山东半岛东端的成山角航线；

其二，由成山角西航，经刘（公）岛、芝罘岛、沙门岛（今庙岛，属山东省长岛县）、转北入铁山洋（今旅顺老铁山以南海面）而到达辽东各码头；

其三，由直沽（在今天津市区内）向东南经渤海南部的沙门岛、刘（公）岛，转过成山嘴，再依第一条航线，即可到达长江口的刘家港；

其四，由辽河口南航到旅顺老铁山，东南直至成山，仍依第一条航线南航到长江口外的茶山（今佘山），收刘家港抛泊；

其五，由福建闽江口长乐港的五虎门开洋北上，过福宁县（今霞浦县）东海面，入浙江省境，过温州、台州（今椒江市）、及宁波府定海卫以东，望北航达长江口外的茶山，再依第一条航线北航即可到达成山。

从上述五条航线看，明朝初期，采取了离海岸较远的直航道进行远距离航行。这相应要求有性能好的海船和较高的航海技术。

这本《海道经》对当时闽江口以南的航路没有提及，但是从传世的《郑和航海图》则可以了解到闽江口以南的航线以及郑和下西洋的远洋航线的状况。

2. 明代对外的海上交通——郑和下西洋

为扩大明朝的政治影响，争取和平稳定的国际环境，明成祖朱棣以明初强大的封建经济为后盾，以先进的造船业和航海技术为基础，把中国与海外各国、便是各民族之间的友好往来推进到了一个繁盛的新阶段。郑和七下西洋的航海壮举便是在这样的时代背景下应运而生的。

郑和下西洋是指明朝初期郑和奉命7次出使西洋的航海活动。郑和下西洋时间之长、规模之大、范围之广都是空前的。它不仅在航海活动上达到了当时世界航海事业的顶峰，而且对发展中国与亚非各国家政治、经济和文化上的友好关系起到了巨大推动作用。

江苏省张家港郑和下西洋遗址

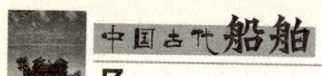

知识链接

郑和航海图

《郑和航海图》原名是《自宝船厂开船从龙江关出水直抵外国诸番图》，因其名冗长，后人简称为《郑和航海图》。原图呈一字形长卷，收入《武备志》时改为书本式，自右而左，有序1页，图面20页，最后附"过洋牵星图"2页。该图是郑和下西洋的伟大航海成就之一。它是在继承前人航海经验的基础上，以郑和船队的远航实践为依据，经过整理加工而绘制的。这本图集是世界上现存最早的航海图集。

一条是自太平洋到非洲东岸；另一条从溜山国横渡阿拉伯到忽鲁谟斯。图中对山岳、岛屿、桥梁、寺院、城市等物标，是采用中国传统的山水画立体写景形式绘制的，形象直观，易于在航行中辨认。对主要国家和州、县、卫、所、巡司等则用方框标出，以示其重要。图上共绘记530多个记名，包括有亚非海岸和30多个国家和地区。往返航线各50多条，航线旁所标注的针路、更数等导航定位数据更有实用价值。这充分说明当时中国海船的远航经验甚为丰富，航海技术水平已达到相当完善的程度。

根据当时的制图技术水平，该图不可能按数学投影方法和经纬坐标以及一定的比例尺绘制，而是以航海的实用性为特点，突出导航、定位所需的基本要素，具有较高的实用价值。该图集对指导当时和以后的古代航海具有重要意义，还对后人研究中国古代航海史和亚非航线的开辟起到了重要作用。

清代航海业

崛起于东北的满洲贵族先在关外建国号大清，势力日益强大。顺治元年

(1644年）五月清兵入关，10月清世祖即位。清政府建都北京之初，曾遭到关内人民和南明政权的强烈抵抗，抗清的武力根据地位于东南沿海一带，所以清政府一开始就实行严格的海禁。

顺治三年（1646年）郑成功海上起兵后，对造船业的发展非常重视，并建立起一支强大的海上船队。他所统率的海上劲旅，出没于浙江、福建、广东沿海，攻城略地，占据州县，曾屡败清兵。顺治十二年（1655年），清王朝曾效法前朝重下"寸板不得下海"的禁令。

顺治十八年（1661年）郑成功率大军在台湾登陆，次年，赶走了窃踞台湾的荷兰殖民者，光复了台湾。清政府为要孤立郑成功在台湾的抗清势力，防阻其发动攻势，更下迁海令，强迫山东以南沿海居民分别内迁30～50里，并尽烧沿海民居和船只，不准片板入海，商船民船一律严禁下海航行。这项举措严重打击了我国的海上交通事业。

康熙二十二年（1683年），清军完全平定台湾。康熙皇帝从郑氏那里了解到开展海上贸易的诸多好处，遂于次年正式废除"迁海令"，颁布了"展海令"，允许国人外出经商。还在云台山（今江苏省连云港）、宁波、漳州、澳门设4个海关。

清政府于顺治元年（1644年）入主中原，在短短一年时间就席卷了大半个中国。但是，直到康熙二十二年（1683年），平定东南沿海和台湾已经是40年之后了。清初，清政府水师的力量远远比不上郑氏，时常处于被动地位。人们都知道：海上战斗是斗船不斗人。清政府深知为要平定郑氏之抗清势力，必须要发展造船业。双方在争斗的同时，也展开了激烈的造船竞赛。

郑成功在造船、扩大船队和发展海外贸易方面富有经验。郑氏以海外贸易所获得的利润，为抗清斗争提供了雄厚的物资和资金。为要造船，所需木材数量非常之大，郑成功取材途径广泛：通过闽东沿海获得闽北山区的木材；其部下还从浙江台州温岭等地取得木材；甚至也有的是从暹罗进口木材；油、麻、钉铁则可从日本以贱价购得。郑氏移师台湾之后，在东南沿海及外岛仍有一定势力，这些地方自然是郑氏重要的造船基地。不过，清朝海禁加迁界政策的实施，确实对郑氏在沿海取得造船材料和建造船只造成了很大压力。

清政府为要打击郑成功的抗清势力，开始十分重视战船的建造。顺治十六年清政府就曾委户部尚书车克往江南催集钱粮，以便造船。清朝官方造船困难重重：材料供应困难；沿海人民和船匠不愿为清朝效命，修造船工效较

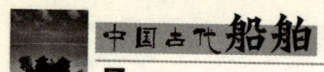

低；在战斗中即使缴获郑氏战船，因一时无人驾驶，又担心再次落入敌方手中，所以常常是就地烧毁。因此，清军的战船修造常不能如期。直到康熙十八年（公元1679年），一方面，郑氏战船损失多而补充少，且郑氏水军率战船投降的事例时有发生；另一方面，清军水师战船的数量逐渐增多，质量已有很大提高。例如，康熙十八年，福州造大战船400艘，潮州造船100艘，从浙江调来100艘，加上原有战船，清朝水师力量已大为加强，为康熙战胜郑氏抗清势力和平定东南沿海与台湾奠定了基础。

康熙二十三年（公元1684年），清政府宣布解除海禁，允许造船出海。然而，40年的海禁阻遏了造船业的技术进步，清郑之间的造船竞赛，过量消耗了沿江沿海的造船巨木，使造船材料深感紧缺，船价不断上涨，妨碍了清代造船业的正常发展。

第三节
古港沧桑

众所周知，港口是海上航行的出发点和终结点。我们的祖国幅员辽阔，海岸线绵长，港口星罗棋布，几乎每个港口都有自己的一段故事。

广州港

广州港的海外贸易历史悠久，早在唐代之前，广州港便已经是全国屈指可数的外贸要港了。唐代的时候，广州港成为了我国最大的外贸港口。《旧唐书》曾记载，大历五年（770年），李勉出任广州刺史（唐代州郡最高行政长官）的第二年，海船一年入港高达4000余艘。著名的鉴真和尚在天宝九载（750年）于广州时，也亲眼看到珠江中停泊着婆罗门（今印度）、波斯（今伊朗）、昆仑（今东南亚）等国的船舶"不计其数"，船上"载有香药（料）、珍宝，积载如山"。等到9世纪阿拉伯商人苏莱曼到达广州的时候，看到的已是帆樯林立、商货云集的繁华港埠，仅仅来自海外的侨民数就达12万人以上。

广州港口对外贸易的兴盛，还给当地官吏的营私舞弊留下了机会。一个名叫王锷的广州刺史，就是利用手中的权力，强行收买海外珍宝的。据《旧唐书》记载说，王锷采用这种手段强取豪夺了海外货物之后，每天发出十余艘船舶，满载着犀象珠宝等外国奇珍，运往北方中原地区，做生意赚取利润，"周以岁时，循环不绝，凡八年"。另一个名叫路嗣恭的大官僚，借着平定广州叛乱之机，没收城里大海商的资产归他个人所有，一下子变得富可敌国，连当时的皇帝也看不过眼，想要跟他算账。通过以上这几件事实，人们不难看出，广州的第一大外贸港口之名确实是"名"不虚传。

扬州港

扬州地处长江下游，是唐王朝的"经济大动脉"大运河与长江的交汇处。独特的地理位置，使扬州港埠在唐代迅速繁荣起来，一跃而成为全国第二大外贸港口。这里既是盐、铁、茶、丝绵、药材、珠宝等商品的转运中心，又是以铜器制造、丝织、造船等手工业闻名的手工业都市，号称"扬（州）一益（州）二"。大批海外商人慕名前来扬州做生意，被这里的繁华吸引得流连忘返，不愿离去，形成了波斯人聚居的"波斯庄"、新罗（今朝鲜）人聚居的"新罗坊"、波斯人经营的"波斯邸"等。诗人杜甫在《解闷》小诗里就曾写道："商胡离别下扬州，忆上西陵故驿楼。"

在"安史之乱"中，一个名叫田神功的唐朝军阀曾经趁机在扬州抢劫居民的财产，仅仅大食（唐指阿拉伯帝国）、波斯（今伊朗）等国的遇难海商就达数千人，由此可以窥见当时扬州港对外贸易的兴旺之一斑。

明州港

明州（今浙江宁波）位于甬江下游，濒临杭州湾，航道四通八达，海上交通十分便利，一向是我国对外贸易的重要港口。随着唐代中日航海交往的

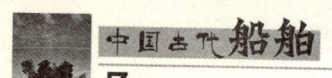

活跃，明州港迅速成为对日贸易的门户和桥头堡。根据有关专家的统计，仅在公元882—1191年这300多年时间里，中国商船从明州港出发前往日本便达100多次，平均三年就有一次。中国航海家张支信、李延孝、李邻德等人，都多次由明州扬帆起航赴日，不少日本访华的僧人也纷纷慕名前来明州港搭船回国。至今还保存在日本的最澄法师回国证明"文牒"，就是由明州刺史孙楷在贞元二十年（804年）签发的。

泉州港

泉州港，又叫刺桐港。泉州港兴起于唐代中后期，但外贸规模还远远赶不上南面的广州港。过了200多年，到北宋中期，由于广州地方官员对外贸船舶强买强卖，以及广源州（今越南高谅）少数民族首领侬智高进攻两广等事件，广州港的海外贸易一度很不景气，大批中外船舶纷纷改道北上泉州。此消彼长，泉州港的海外贸易便迅速发展起来，成为一个繁华热闹的港口了。

北宋灭亡后，宋高宗赵构定都临安（今浙江杭州），建立了偏安一隅的南宋朝廷。连年的宋金战争，并没有使泉州港受到牵连，加上港口又靠近最大的消费性城市临安，一时间，泉州港的海外贸易规模进一步扩大，号称"泉（州）有蕃舶之饶（富），杂货山积（堆积如山）"。开禧年间（1205—1207年），前往泉州港贸易的国家和地区有30多个。到宝庆元年（1225年），这一数字便增加到50多个，其规模和繁华程度直追广州港。

泉州古港

南宋中后期，朝廷从泉州港海外贸易中捞取的税收高达近百万缗，约占当时国库总收入的1/50，数额相当巨大。为了维护这一财源，宋朝廷很注意提高泉州港的知名度，一个阿拉伯海商蒲寿庚就被任命为泉州港口的主管官员。蒲寿庚还真的不负南宋朝廷所望，他充分利用自己在外商中的威信和声誉，招引外国商船前来泉州港停泊贸易，使得泉州港获得了更大发展，朝廷也从中赚到了更大的税收实惠。

1279年，南宋灭亡，元朝统一了中国。元朝廷对富饶的泉州港垂涎已久，于是竭力争取控制泉州港实权的蒲寿庚归顺。蒲寿庚一投降，元将董文炳当场解下自己身上的金虎符给他佩带，不久他又被授予行省参知政事的官职，统管福建沿海一带的军政事务。蒲寿庚也积极为元朝廷效力，派遣手下到海外各地宣传新王朝的对外贸易政策，得到了外商的欢迎，纷纷前来泉州港进行贸易，使泉州港空前繁荣起来，很快便超越广州港一跃成为中国第一大外贸港口，同时又是世界最大的港口之一。

全盛时期的泉州港，港内船舶来来往往，热闹非凡。码头上货物琳琅满目，堆积如山。附近有大大小小的旅店、酒馆，供商人水手们居住消遣。在这里，我们不妨借用两个著名人物的记述，来一睹泉州港当年的繁荣鼎盛。

第一个人是大名鼎鼎的意大利旅行家马可·波罗。在侨居元朝17年期间，马可·波罗曾游历过泉州，后来又从泉州乘船回国。在《马可·波罗行记》里，他是这样描写泉州港的：刺桐城城甚广大，隶属福州……应知刺桐港即在此城，印度一切船舶运载香料及其他一切贵重货物咸莅此港。是亦为一切蛮子（元代指江南地区）商人常至之港，由是商货、宝石、珍珠输入之多，竟至不可思议，然后由此港转贩蛮子境内。我敢言亚历山大（指埃及大港）或他港运载胡椒一船赴诸基督教国，乃至此刺桐港者则有船舶百余。所以大汗在此港征收税课，为额极巨。

另一人是同样有名的摩洛哥旅行家伊本·白图塔。他曾从印度航海来到泉州港登陆，北上访问了元大都，不久又返回泉州乘船西还。在《伊本·白图塔游记》里，他详细介绍了当时泉州港的繁荣情况：吾人海行后，首先登陆之城为刺桐城……此城甚壮丽。织造绒及一种名为刺桐缎之缎子，较之行在（杭州）汗八里（北京）所织之缎为优。刺桐港为世界大港之一，竟可谓为世界最大之海港。我在港中见大舶约有百艘，小舶不能数计。是为一大海湾，伸入陆地与大河连接。

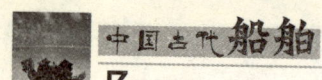

当时，随船前来的外国商人和水手们，对泉州港的繁华十分惊叹，不少人还在此地定居下来。直到今天，用阿拉伯文、波斯文等外国文字镌刻的石碑，在泉州仍经常能够被发现，且并不稀罕。泉州法石乡民中的蒲姓、卜姓、金姓，陈埭乡民中的丁姓，还是元代外侨的后裔呢。

元末明初，泉州陷入了持续多年的战乱时期，港口遭到了多次劫掠和破坏。明代实行的"海禁"政策，更使泉州港雪上加霜，从此一蹶不振。尽管泉州港失去了其原有的光彩，但作为一个曾经闻名世界的贸易大港，它在中国航海史上的地位早已被人所铭记。

知识链接

龙编港

龙编位于红河下游，是唐代安南都护府所在地。《旧唐书》记载："交州都护制（控制）诸蛮（古代对其他民族的蔑称），其海南诸国，大抵在交州南（方）及西南，居大海中洲（陆地）上，相去（距）或三五百里、三五千里，远者二三万里，乘舶举帆，道里（距离）不可详知，自汉武（帝）已来，朝贡必由（从）交趾之道。"唐代人曾经介绍说，外国船舶每年都要到安南、广州二港停泊贸易。这里的交趾、安南，指的就是龙编港。

上海港

上海如今在我国可以称得上是家喻户晓了。但上海究竟是怎么发展到现在这个样子的？知道的人恐怕为数不多。其实，上海城市的发展在很大程度上与上海港的兴起有关。城以港兴，两者之间实在有着直接的"姻亲"关系。

早在宋代，我国就已经在上海地区设立港口了。北宋政和三年（1113年），朝廷曾在号称"东南第一大县"的秀州华亭县（今上海松江）设立市舶务，管理当地的海外贸易事务，辖下的华亭港和青龙港（今上海青浦），也成了当地重要的两个内外贸易港口。但是，随着时间的推移，上海地区的海岸线不断向东推进，沧海桑田，华亭港和青龙港越来越退居内陆，到南宋末年便一蹶不振了。此时，在青龙港往东50多里的地方，大约相当于今天上海南市区濒临黄浦江一带又开始出现了一个新的港口，这就是上海港的前身——上海镇港。

上海镇最初不过是一个滨海的小渔村，南宋末年正式建镇。进入元代以后，海镇的港口得到了迅速发展，成为南粮北运的重要起航港之一。明朝时，上海港作为苏南经济发达地区的出海门户，港口规模继续扩大。有人曾经估计，明代中后期，上海港一年吞吐的货物有：棉花和棉布2万吨以上，商品粮9万吨左右，漕粮7万吨，盐0.5万吨，丝、糖、铁、瓷器等1万吨，港口全年吞吐的货物累计20万吨左右。这时候，上海港就已经开始在国内沿海港口中脱颖而出了。

清王朝建立后，上海港直接的经济腹地——苏（州）松（江）常（州）地区的商品经济更加发达了，上海港也开始在沿海港口群中脱颖而出。到鸦片战争以前，已有5条主要航线会聚在上海港，其中北洋航线（指我国北方沿海航线），每年进出的货物吞吐量70万吨上下；南洋航线（指我国南方沿海航线），每年进出的货物吞吐量37万吨左右；长江航线，货物年吞吐量45万吨左右；内河航线，年吞吐量估计有40万吨；国外远洋航线，货物年吞吐量5万吨左右。港口货物年吞吐量合计接近200万吨，上海港一跃成为全国第一大外贸港口。

大批货物的进出港口，还刺激了上海地区帆船运输业的发展。19世纪初叶，聚集在上海的船舶主要是沙船，多达3500~3600艘。大沙船载重3000石，小沙船也可载重1500~1600石。这些沙船的船主大部分为上海的当地居民，上海于是便有了"沙船之乡"的称号。正因为沙船对早期上海港市发展的独特贡献，所以今天上海市的市徽上还有一个沙船图案呢。

1840年爆发的鸦片战争，使中国历史发生了重大转折。西方列强早就垂涎三尺的上海港，也成了清政府最早开放的五个港口之一。很快地，上海港凭着优越的自然和社会条件成为了第一大外贸港口。1852年，上海港从英国进口的货值已超过广州，输往英国的出口货值上海港也超过广州1.7倍。这时，上海港已成为全国最大的对外贸易口岸，成为仅次于印度加尔各答的亚

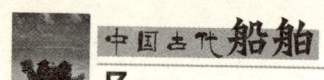

洲第二大港。进入20世纪，上海港持续繁荣。1931年，上海港港口吞吐量高达1265.8万吨，成为世界十大港口之一。

然而，近代上海港的繁荣史，同时又是一部中国主权丧失的屈辱史。外国侵略者强迫清政府开放上海港之后，得寸进尺，不久就打起了上海港管理权的主意。1851年，由英、美、丹麦、荷兰和葡萄牙5国领事提名，宣布任命美国人贝莱士为上海港的港务长。1862年，英国人贺克莱又担任了上海港港务长。此后直到1945年，一直是由外国人担任上海港港务长一职的。诸如港内船舶管理、引水、设立航标、建造码头等事务，本来都是中国的主权，但在西方列强蛮横无理的劫夺下，这些大权都落到外籍港务长手里了。

雄鸡一唱天下白。1949年5月27日，上海解放，上海港的历史也翻开了新的篇章。站立起来的中国人民收回了港口主权，成立了自己管理的港务机构，从根本上改变了港口的性质。今天的上海港，正进入有史以来最繁荣兴旺的时期。自1984年开始，港口货物吞吐量已连年超过一亿吨，成为世界五大港口之一。可以预计，随着我国建设"上海国际航运中心"构想的实施，上海港的发展将更加迅速，上海港必将续写一部新的历史篇章。

知识链接

比景港

比景位于灵江口附近，是唐王朝对南海和印度洋各国贸易的第一个港口，具有重要的历史意义。当时，中外商船前往南海和印度洋，都要"整帆匕（比）景之前"，在比景港短暂休整。商船来唐朝的时候，又要"息匕（比）景而归唐"，在港口稍事逗留休息。

第五章

古代航海知识与航海技术

我国幅员辽阔,海岸线很长,不只是一个大陆国家,而且也是一个海洋国家,自古以来航海事业很发达。随着近海与远洋航行的发展,人们的航海知识与技术得到了广泛提高。

第一节
历代航海科学的发展

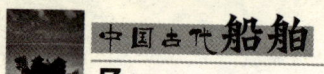

春秋战国航海科学的发展

春秋战国时期，随着近海与远洋航行的日趋活跃，人们的航海知识与技术也得到相应发展，并初步奠定。

1. 航海地理知识

春秋战国之前，由于人们的航海活动和能力有限，人们把海看做是世界的边际。随着春秋争霸的产生，各国人们与海洋的活动日益频繁。随着海上活动的不断兴起，人们的目光开始伸向海外。

2. 海洋气象知识

海洋上的气象态势，不仅影响着海洋活动的正常运行，还直接关系到船舶与船员的安危，所以这一时期的人们就已经开始研究海洋气象，其中对风的认识尤为重要。

据史料记载，商代时人们已开始认识东南西北风，到了春秋战国时期又产生了八方风与十二方风的概念。航海活动和气象知识的预测是分不开的，正确的气象的预测有利于船队正确与安全地出行。

3. 海洋水文知识

我国人民对海洋水文的认识大约开始于春秋战国时期。我国近海为世界第一大洋——太平洋的边缘海，海洋潮汐以及由此而生的潮流对于航海活动的影响很大。顺逆潮流时，航行易，难的程度不同；潮汐高低时，船只适航情况也不同，因此对它的认识是古代航海技术不可缺少的。

4. 海上天文知识与导航技术

春秋战国时期，各诸侯国出于政治、军事需要，十分重视天文的观测与研究，因此我国的天文学获得了飞速发展。

当时的天文学进展表现在对恒星与行星观察的定量化上。沿黄、赤道带将临近天区划分成二十八个区域的二十八宿体系已经齐备，为度量日、月运动的空间位置提供了参照坐标。

北极星是夜间航行的主要参照坐标，除此之外，这一时期对北斗星与北极的观测与辨认已相当精细了。这一时期为确立东西方向，白天观测太阳方位，夜晚是观测北极星方位。

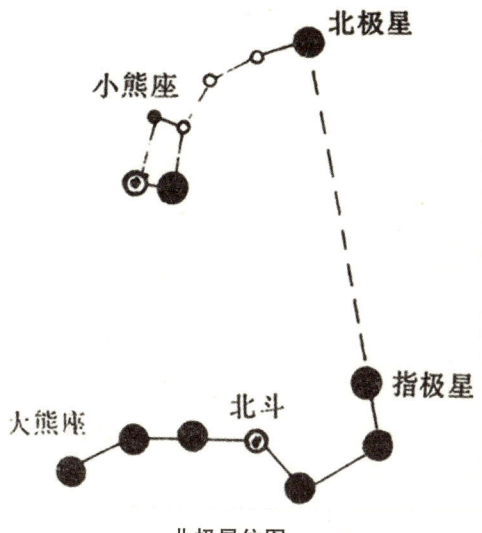

北极星位图

除此之外，司南也是这一时期发明的，但是司南似乎只中用于陆地上，运用于海上的可能性很小，因为海中极不平稳。

综上所述，春秋战国时期，由于社会制度的大变化、生产力的大发展以及科学技术的大提高，古代航海业得以形成并开始了远洋探索性航行。春秋战国时期是中国古代航海史上一个重要的继往开来的阶段。从此，中国航海事业走上了发展和繁荣的道路。

夏商周航海科学的发展

随着夏、商、西周航海事业的发端，在原始时代积累的基础上，这一时期的航海知识有了长足发展。在奴隶社会，由于生产力的发展与科学文化的

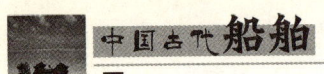

不断积累,早期的天文与地理知识有了一定的发展,这时沿海居民在航行捕捞、冶盐、交通活动中开始充分应用天文地理知识。

在海上的航行必须要明确船所在的位置,在这一时期,人们主要以陆地目标来定位与定向。通过这种简单的方法记忆并传授航行的路线。

1. 航海气象知识

要进行海上航行,必须了解一定的航海气象知识。适度的风向,适度的风力,将给航海者带来不少便利。据史料记载,当时的殷人气象知识已经十分可观。在对天气的认识上,他们已能识别晴、阴、晦、黑、雨、雪等,对大量航海气象的了解有利于他们在海上的安全航行。

2. 船只操纵技术

船只在海上航行,如何前进、后退、拐弯都需要有一定的操纵技术。据史料记载,我国在奴隶社会时期就已经有操作技术了。

在驱动船只的技术上,殷人已有划桨、撑篙、牵引、使帆等手段。其中的划桨最为原始,牵引驶舟早在商代就盛行了,其他的则更早。当时使帆技术还属于原始的风帆时期,所以很可能不是当时的主要航行动力。

在控制船只航向上,当时已有改变航向的工具。在浅水中航行时很可能用撑篙之类的工具,在深水中则是以桨楫来改变航向。由这一时期桨楫位于船尾一侧推测,表明舵桨业很可能已问世。

综上所述,夏、商、西周时期,我国古代的航海事业已经开创。木帆船的产生与早期航海知识、技术的积累,使得奴隶社会的人们已经可以运航到异域他乡;以航海为手段的经济、外交、军事运输活动也开始发展起来了。

秦汉航海科学的发展

随着航海实践活动,特别是远洋航海活动的开展,中国古代的航海技术也有了新的发展。虽然从总体来说,秦汉时期的航海水准基本上没有越出沿岸或逐岛航行的高度,但是由于海岸线之长和海区的复杂,也必然对航海新技术的应用提出时代的新需求。

秦汉时期的航海技术主要表现在以下几个方面:

第五章 古代航海知识与航海技术

1. 天文导航术

秦汉，特别是汉代的航海技术的发展，首先体现在天文导航术有了明显的提高上。秦汉时期的天文导航术已经具备了以下几个内容：一是对海洋空中星座的判别与验证；二是对海洋空中五大行星的各种征候与运行规律的认识；三是对海洋空中二十八星宿的地理位置与相互关系的记录；四是对海洋上太阳、月亮、彗星、彩虹等杂类的预测。这时既有航海术，又有气象术，足见当时近海与远洋航行的兴盛。

2. 季风航海术

仅靠桨、橹等人力推进工具是无法实现在大海中的远航的。秦汉时期已经发明了风帆以进行大规模的远航，有力地应用了季风这种取之不尽、用之不竭的动力。虽然早在先秦中国人就知道了风向与气候之间的相互联系，但尚未发现有正式的利用季风进行航海的证据。

3. 海洋潮汐知识

民谚说："老大勿识潮，吃亏伙计摇。"航海与潮汐的关系实是非常密切的。船舶在岛屿与海岸附近水域航行，必须要了解潮汐的涨落规律，以防海水退潮时造成搁浅或触礁，同时也可借海潮流向，进出港湾或快速航行。因此，了解海洋水文知识一定要注重对潮汐的认识。

秦汉时期，人们对潮汐的认识已越过表面现象，并进而探究潮汐成因以及与其他事物之间的内在关联。在春秋战国时期，人们对于潮汐升降特别是通河口的明显奇特的潮汐现象虽有所观察，但感到难以理解，只得归咎为神力迷信。然而到了汉代，尤其是东汉时期，人们关于潮汐的认识有了突破。

秦汉时期是中国古代航海史上的第一个大发展时期。随着新生的封建

潮涌

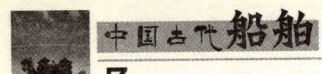

制度的逐步健全与发展，航海在国家政治、经济、军事、外交、文化生活中的重要性日益体现出来。由于海上航行与运输相对陆上交通而言具有内在的、明显的优越性，因此，以天文导航与季风驱动为主要背景，中国海员开辟了对日本列岛与南亚地区的远洋航路，从而使中国古代航海业进入了世界先进行列。

隋唐时期航海科学的发展

隋唐五代间航海事业的全面繁荣，与当时航海技术走向成熟阶段是分不开的。

1. 季风航海技术趋于成熟

唐代时期，人们对季风的认识有了进一步发展。当时的中国航海者对北起日本海、南至南海的季风变化规律已有正确认识，并成功地应用到了航海活动中去。特别值得注意的是，在夏末秋初的台风盛行期间，唐船基本上抛锚停航，这可能反映了中国航海者对于像台风之类的灾害性气象已开始有所防范。

2. 唐代的地文航海术出现了新的进展

虽然唐代时的航路指南并没有如今这么完备，但其中某些部分的雏形已开始出现。具体表现在每次远洋活动在某些区段之间的航行方向、距离与时期已相对具体，最后已精确到了"半日"。这时的地文航海技术和西汉时的相比已经有了长足进步。这一航路指南，使航行活动具有了更大的主动性和明确性。

3. 天文定位导航术之萌芽

唐代的天文航海术基本上仍处于天文定向导航阶段，这时的导航术只能使海船进行沿岸航行，或较短距离的横渡海区航行，不能确保海船在大洋上几十天的远跨度航行。因为天文定向只能使海员观测本船的航向，而无法在毫无陆标的海洋中观测判别本船所在的地理位置。

第五章　古代航海知识与航海技术

隋唐五代时期，基本上是中国封建社会的盛世。国家的统一，经济的发展，科技文化的先进，对外交往的活跃，使中国古代航海事业得到了有力推动。

宋元时期航海科学的发展

宋元时期的航海技术取得了重大突破与全面发展，这与历届政府积极的航海贸易政策、当时航海技术的重要突破与全面发展是分不开的。这一时期出现了全天候的磁罗盘导航、海洋天文定位、航路指南书、海图、娴熟的季风航行、海洋气象预测知识以及高超的船舶技术等。

1. 地文航海知识技术

早在春秋战国时期，中国就已经开始了对本土之外海陆的认识。宋元时期航海空前活跃，人们的航海地理观念又得到了进一步的明确与发展。这一时期对海洋已经有了清晰的划分，如"海南诸国"这一庞大的地理概念，划分为东、西洋等。

2. 地文定位技术的深化

地文定位是最古老的航行技术之一，和前代相比，宋元航海者对地文定位的认识又有了进一步的深化。值得提出的是，从元代开始，已在浅险航道上设置人工陆标来帮助海员定位。这已能充分说明元代的地文定位技术，已从单纯利用天然地物的被动状态发展到制造人工陆标的主动地步。

3. 航路指南的出现

宋元人能依据熟悉的陆标来确定船舶安全通过的航道或锚泊的场所，这说明宋代时已经有了明确的航路指南。到了元代，航路指南更趋具体化，对安全航路、航行方法、海上航程、危险物等的记述日益明确、详细，使航海者取得了更多的主动权与自由度。如在国内北洋航行中，成山角是主要的拐向航点，元代航海者在"黑水洋"、"过黑水洋"与"北洋官绿水"内，都能迅速与安全地找到它的航路指南。

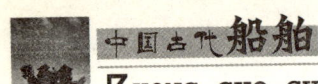

4. 航用海图的问世

宋代的航用海图，是根据海上活动需要而绘制的专用地图。在海图上，一般应能反映出一定水域的地形地貌、水文要素、定位条件以及其他与航行有关的资料和说明。到了元代时，航海图的应用更为普遍。宋末元初，北洋航区的海图已广泛用于民间。值得庆幸的是，在明代的《海道经》中尚保存有一卷元人底本的《海道指海图》。

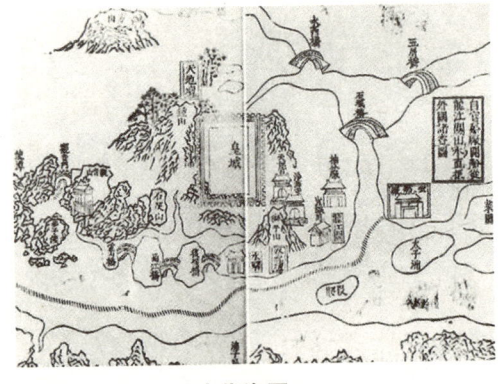

古代海图

5. 天文导航技术

天文定向是宋元航海技术的重要组成部分之一，这种传统的技术只能用于近海的航行，无法在横渡大洋时应用，因为长时间远离陆岸的大洋航行，不可避免地会受到风流干扰而产生重大位移偏差，使船舶或者失去航线，不能抵达既定目标，或者触礁搁浅，发生海难事故。宋代印度洋航路的开辟，就客观证明了当时的海员已掌握了一种在海洋上凭借观测天体高度不同，而推定船位变化的天文定位导航技术。虽然天文导航技术早在前代就已经萌芽，但其广泛使用应在宋元。

6. 指南针与磁罗盘导航

具有相当水平的地文与天文航海术问世后，使海船得以在晴空下越洋远航，但天有不测风云，在漫长的航行中，总会有视野模糊的时候。因之，随着宋代航行业之迅猛发展，急需一种全天候的恒向导航仪器。正是在这种时代动因的刺激下，指南针开始登上航海舞台。

早在战国时期问世的"司南"就是指南针的前身，但是这种由天然磁石加工而成的仪器显然不能在波涛颠簸的海洋上应用。到了宋代，由于科技水平的全面提高，才使这些划时代的导航仪器的诞生成为了可能。

当然，罗盘针在当时已成为主要的一种航路指南手段，这是元代地文航海技术的重大进步之一。罗盘针的应用，在世界航海史上是一件划时代的大事。

中国磁罗盘的发明及在世界上的广泛应用，使西方中世纪的海图与航海技术发生了根本性变革。

7. 船舶操纵技术

从有关历史中可以发现宋元人对船舶的操纵技术已颇为精通，在驶帆、操舵、测深、用锚等船艺方面已有相当水准。

综上所述，宋元的航海技术不但奠定了中国古代航海技术中最主要、最先进部分的基础，而且对它此后的中外航海活动的影响都极为深远。它的出现，从根本上看来，是宋元及其以前历代中国古代航海者长期的航行实践、科学观察、经验积累和大胆创新的历史产物。

明朝时期航海科学的发展

明朝的航海技术主要表现在对海洋综合知识的运用以及航行技术方面有较大的提高与进步。

1. 关于航路航向

到了明代，指南针的应用在普及率与精通率上都有了极大提高。过去，指南针的运用主要是单针与缝针之法，但明人《顺风相送》中已经有"定三针方法"、"定四针方法"。虽然不详其具体应用方法，但应该可以肯定其航路航向必然更为清晰准确，几个指南针一起运用于确定航向，还必须要有计量单位确定航程。在明代已经以"更"作为计量单位运用于航海之中。明清时期，一更约为60里计。因此，"更"并非是一个单纯的计时单位，而是指一更时间内，船舶在标准航速下所通过的里程。以"更"用于航海，也是明代航海技术发展的一个标志，它与指南针结合，可以推算船位航速，令航行路线方向更为精确。明代"针"、"更"结合的航海方法已十分普遍，反映出明代的航海技术已经相当先进。

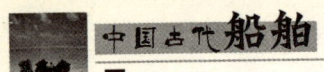

2. 关于地形水势

要想安全可靠地进行海上交通活动，必须了解航路的地形水势，掌握航道的水深及暗礁浅滩，才能安全可靠地进行海上交通活动。

明人测量水地深浅名为打水，以托为单位。明人在航海图绘制方面也作出了很大贡献。虽然宋元时期已有航海图样问世，但只是以沿海为主，远洋航海似未能备及。直至明代，航海图的绘制已有很大进步，不仅对沿海地区，而且对海外远洋地区也有掌握。明代类似对航路地形水势的具体指南趋于综合化与形象化，反映了明代航海技术的提高。

3. 关于航海天象

观测航海天象，包括星位、信风及海流潮汛的变化规律。

在航海天象中用来确定船舶航行位置的是牵星术。牵星术，乃是当时一种利用天文状况进行测位的航海技术。即在船上利用牵星板来观察某一星辰的高度，借以确定船只所在的地理位置。特别是在深海中，地形水势难以提供有效的识别，无所凭依，往往以天象来确定航位。《郑和航海图》中就附有《过洋牵星图》，记录在印度洋地区的牵星航海。

明代的史料中多有关于对信风的利用的记载。明人费信《星槎胜览·占城图》中云："十二月，福建五虎门开洋，张十二帆，顺风十昼夜至占城国。"又有明人马欢《瀛涯胜览·满喇加》中谓，归航，"等候南风正顺，于五月中旬开洋回还"。表明明人对季风规律的掌握与运用已经得心应手。

在明朝，我国人民已经熟悉了海上的风云气候，以及海流潮汐的变化规律。《顺风相送》和《指南证法》中就记载了许多关于这方面的气象记录和歌诀，说明了明人对航海天象的认识与重视，如《顺风相送》中"逐月恶风法"，"定潮水消长时候"，"论四季电歌"，"四方电候歌"等。按农历月日，对海洋气象的风雨规律做了详尽的记述。

清朝航海科学的发展

清朝前中期的航海技术虽然没有很大创新，但是对于海洋地理的重要性还是具有充分认识与总结的。航海图的绘制也有相当的水平。清陈伦炯《海国闻见录》中就有附图六幅，这些图较前人的地图详备、精确。陈氏《海国闻见录》中的《天下沿海形势录》，更对中国东北、东南沿海的海洋地貌、水文航运都有详细说明。这些都是重要的海上指南资料。

清朝的航海应用技术在继承前人传统的基础上也有一定程度的发展。指南针的应用，普遍使用三针法，对航海天象观察、航海地形水势都有系统的掌握。并且开始以沙漏计时。比起传统的焚烧更香以及日月位置估算时间更为精确。清前中期沙漏的运用，说明了当时在吸收外国航海技术的基础上，不断提高航海工具的技术性能与技术水平。

"中国洋艘，不比西洋呷板，用浑天仪、量天尺，较日所出，刻量时辰，离水分度，即知为某处。"相比之下，中国的航海技术已开始落后于西方。

第二节 古代航海技术

在我国古代航海史上，很多航海技术都已达到世界领先水平，无论是船舶导航定位技术还是船舶操纵技术。

逆风调戗术

逆风调戗术是木帆船在遭遇逆风行驶时所采用的一种操作技术，是中国航船驾驭风力技术的重大发展。逆风调戗术，即舵帆联操技术，简单来说，就是木帆船在逆风或斜逆风中行驶时，通过舵角和帆角（松帆或紧帆）在联操过程中来回摆动操作，船在不断调头中走一条"之"字形路线的航行技术。

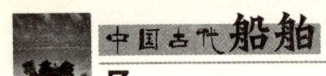

早在三国时期的文献中就有关于这一航海技术的记录。三国时东吴万震著《南州异物志》记当时海船"四帆不正前向，皆使邪移相聚以取风"，看来指的是打戗行船。明代胡宗宪著《筹海图编》和何汝宾著《兵录》，也都指出帆船"能调戗驶斗风"，"顺风直行，逆风戗走"。戗即斜行之意。

船民称这一套航行技术为"打戗"，其具体操作方法大体是：船头向左或向右偏斜前进，利用最有力的帆角，灵活操纵风舵和风舷披水板；当航行到一定距离或近航道边缘时，随即快速地转换风舵角，并调整头帆脚索，使船以大角度迎风转到另一方向斜行，下风舷与上风舷互易，帆也因迎风面的变化而自然转换角度。转向后帆将受风时，要回到正舵以阻挡转向中的惯性；帆已受风后，再按照上述原理操作，使船舶曲折前进。打戗操作技术要求较高，船长需要有丰富的航行经验，全体船工也要密切合作，各项船舶属具都要有专人操纵。由于是逆风行驶，必须要采取曲折航线，故一般只能在海洋或河面宽阔的航道采用。

宋人说："风有八面，唯当头不可行。"说明早在13世纪以前我国船舶航行中就已掌握了"调戗驶斗风"的方法，已能很好地驾驭或利用风力了。除当头风以外，其余七面都可以行船。而西方的帆船，迟至16世纪以后才开始使用这一先进技术。

过洋牵星术

船舶导航定位技术是我国古代航海技术的另一重要发明，它又可分为地文导航与天文导航两种。地文导航定位技术历史最悠久、最古老，而天文导航定位技术则是古人航海技术积累到相当程度后才发展起来的。

早在西汉时期的航海天文记载中，就有关于过洋牵星术的明确记载。在《淮南子·齐俗训》中，作者提到"夫乘舟而惑者，不知东西，见斗、极则寤矣"，说明当时航海已经开始依靠天上的日月星辰来判明方位了，书中提到一种"海人之占"的原始天文航海导航定位技术，说明它是从古老的占星术发展而来的。

到魏晋南北朝时，有关过洋牵星术的航海天文记载也日渐增多。在葛洪的《抱朴子》中，提到在茫茫大海之中不知东西时，必须要观看北极星才能安全返航。东晋僧人法显在《佛国记》中，以自己从印度浮海东归的经历，

第五章 古代航海知识与航海技术

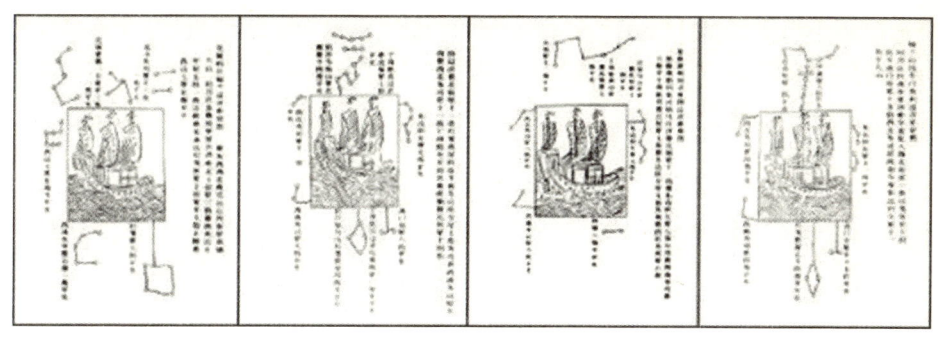

过洋牵星图

描述了在了无边际的大海上航行,要辨别航向,需要观察日月星辰的事实。南朝周舍在谈及海道的艰难时指出"昼则揆日而行,夜则拷星而泊",进一步印证了此时我国观日和观星的天文导航技术已较普遍。

隋唐时期,我国航海技术进一步发展,已经学会了在航海中充分利用信风和季风的规律。唐王维在《送秘书晁监还日本国》诗中有:"向国唯看日,归帆但信风。"唐沈佺期也在《渡全海人龙编》诗中写道:"北斗崇山挂,南风涨海牵。"都记载了这个时期航海不但掌握了观星辰的技术,还充分利用了信风、季风的规律。

我国的航海技术在宋朝时期突飞猛进,达到了一个高峰,发明了仪器导航工具——指南针,同时,天文导航技术也齐头并进,逐步成熟。朱彧在《萍洲可谈》中记载,在航海中,舟师结合航海天文技术和指南针,在任何天气中都能准确辨识方向。徐兢在《宣和奉使高丽图经》中的记述与朱彧基本一致,认为当时航海导航以天文方法为主,指南针为辅。吴自牧在《梦粱录》中指出,近海或靠岸礁石多的地方航行要"全凭南针",远洋航行仍要以天文导航技术为主。这个时期还有一种观测星体高度的工具——量天尺,这是天文导航定位技术中的一个主要工具。后来的牵星板就是源自于此。

发展到元代,天文导航技术已广泛应用于航海了。在《马可·波罗游记》一书中,有关于不同地方的北极星高度有一定差异的记载,表明当时的航海者是通过测量某些特定星辰的出水(海平面)高度来确定船位的。

到了明代,我国航海技术迎来了辉煌的一页,关于天文导航技术的史籍记载更多,内容也更详细。而在航海中,最值得骄傲的还是郑和的七次下西洋。在航海中,郑和船队使用了一整套成熟的"过洋牵星"的航海术,对天文导航科学做出了重大贡献。所谓牵星术，就是以"星高低为准"，通过测量方位星的高度位置，来计算船舶与陆地的距离远近和方向，从而确定船舶的位置和航向，即在船上利用牵星板来观察某一星辰的高度，借以确定船只所在的地理位置。在《郑和航海图》中有关于牵星术的记载。在"顺风相送"的序言中称："国南巫里洋忽鲁谟斯，牵星高低为准。"和"望斗牵星"，"望斗"提到"牵星"，可见，此时航海天文导航技术中已广泛采用牵星术了。郑和航海一般观测的是北斗七星、南十字、天琴、水平、织女等星座。

《郑和航海图》附有4幅"过洋牵星图"，这四幅图都是郑和船队横渡北印度洋时的航海图，从中我们可以领略当年郑和船队观看星辰导航的场景。从记载来看，观看星辰时，观测者左手执"牵星板"一端的中心，手臂向前伸直，使牵星板与海平面垂直，让板的下缘与海平面重合，上缘对着所观测的星辰，这样便能量出星体离海平面的高度来。关于牵星板，明代李诩在《戒庵老人漫笔》中记载，它是由几块用乌木制成的由小渐大的四角木板组成的。另外有一个八边形的用象牙做的板块。牵星板分别标有两种古代度量单位——指和角。在测量高度时，可随星体高低的不同，以几块大小不等的"牵星板"和一块长2寸、四角皆缺的象牙块替换调整使用，直到所选之板上边缘和所测星体相切，下边缘同海平线相合为止。此时使用的牵星板是几指，这个星体的高度就是这个指数，从而推算出船舶南北方位上的相对位置。从从这些记载可以说明，我国古代航海天文已从肉眼观星斗辨航向阶段发展到仪器测天体定船位阶段了。

传统的牵星术在清朝初期得到了继续发展，在《指南正法》一书中，专设"观星法"一节，并绘出星座图形及相关的知识，所列星座有水平、灯笼骨、织女星、北斗、华盖、凉伞等。清末，由于政府奉行闭关锁国政策，航海事业趋于停滞，航海天文技术亦停步不前，特别是帝国主义的入侵，使我国航运事业遭到严重摧残。当然，由于航海天文与航海实践的紧密相连，在民间航海天文技术仍得以相传。

指南针

指南针是我国古代的四大发明之一。战国时期的"司南"就是指南针的前身，它是用天然磁石制成的，形如汤勺，圆底，可以放在平滑的"地盘"

上并保持平衡，且可以自由旋转。当它静止的时候，勺柄就会指向南方，古人称它为"司南"。但当时的司南的应用，是郑国人在深山采玉辨别方向的工具，还未用于航海。

晋代时期，我国人民又发明了指南针。《晋官阁记》上记载："灵芝池有鸣鹤舟、指南舟。"这是我国也是世界上用指南针导航的最早记载。崔豹在《古今注》中还提到一种"指南鱼"。这种指南的工具源自一种游戏，它是水上指南北的一种鱼形玩具，制作方法为：将薄铁叶剪裁成鱼形，鱼的腹部略下凹，像一只小船，磁化后浮在水面，就能指南北了。

这种游戏启发了人们的思考，到了宋代，已经能够用人工磁化的方法来制造指南针，并普及到了航海领域。曾公亮在《武经总要》中载有鱼形指南针的制作及使用方法："用薄铁叶剪裁，长二寸，阔五分，首尾锐如鱼形，置炭火中烧之，候通赤，以铁钤钤鱼首出火，以尾正对子位，蘸水盆中，没尾数分则止，以密器收之。"这是一种人工磁化的方法，它利用地球磁场使铁片磁化。使用时，"置水碗于无风处平放，鱼在水面泛浮，其首常南，向午也。"北宋宣和元年（1119年），朱彧在《萍洲可谈》中记有舟师航海时在阴晦日子观看指南针的记录。北宋宣和五年（1123年），徐兢所撰的《宣和奉使高丽图经》中则记有"是夜，洋中不可住，惟视星斗前迈，若晦冥，则用指南浮针，以揆南北"。这里的"观星"、"观日"和"视星斗前迈"等航行技术与方法当属于天文航行技术或天文航法的范围。沈括在《梦溪笔谈》中有关于用磁石磨制指南针的方法的记载。即用磁石摩擦铁针，铁针就能够被磁化。关于磁针的装置方法，沈括介绍了四种方法，即水浮法、"指爪"法、"碗

罗盘

唇"法、"缕悬"法。沈括在对四种方法做了比较后,更为推崇"缕悬"法,认为它是比较理想而又切实可行的方法,但后世广为应用的则是水浮法。水浮法指南针与圆形的方位盘相结合,就成了早期用于航海的罗盘。罗盘的最早记载见于南宋曾三异的《因话录》:"地螺或有子午正针,或用子午丙壬间缝针。……天地南北之正,当用子午,或谓江南地偏,难用子午之正,故丙壬参之。"地螺即是地盘,主要作用是分度列向以定南北。

指南针(罗盘)发明后,对世界航海技术产生了极其深远的影响。指南针是世界上应用最早而且最为普遍的航海仪器,是中国对世界航海技术的一项重大贡献。《简明不列颠百科全书》认为:"磁指南仪器发明于公元前3世纪,称'司南',是将天然磁石磨成勺状放在方位盘上,利用磁石指极性指示方向。11世纪初发明利用地球磁场使铁片磁化法,磁化后将铁片放入木鱼中,用水浮起使其指示方向,称'指南鱼'。同时还发明了用磁铁与铁针摩擦使铁针磁化,制成世界上最早的指南针,后磁铁针与方位盘连成一体,成为磁针式指南仪器,用于航海。"又说:"罗经(指南针)是中国人最先发明的,公元1100年前后中国人已在海上使用罗经。公元1242年在叙利亚海上的阿拉伯海员也已使用罗经。欧洲约在1187年。"在茫茫大海上航行,最容易迷失方向,指南针的出现大大有利于航行方向的辨别。军队行进,手握指南针就不会迷失方向。从此,指南针成为重要的测向、定向工具,被广泛应用于航海事业。

多桅帆技术

中国的古船在很早时就已经采用多桅帆来获取风力了。早在公元2世纪时海船上就开始普遍竖三至四帆了,也就是说开始应用多桅帆技术了。多桅帆加上四角帆可以令船在航行时不避强风激浪,这样就可以获得更高的航速。三国时,孙吴的造船业发达,多次派遣使者出使东南亚各国,发展海外贸易,当时在海船上就广泛采用多桅帆,一般为四帆。对当时的多桅帆技术,时人万震在《南州异物志》中记述:"外缴人(指国际线上的人)随舟之大小,或作四帆,前后沓载之……其四帆不正向前,皆使邪移,相聚以取风,风吹后者,激而相射,亦并得风力。若急则随宜减灭之也。邪张相取风气,而无高危之虑,故行不避迅风激波,安而能疾。"也就是说,为了能使帆桅更好地

发挥作用，在设计上多桅没有建于同一条直线上，而是向两舷交错地布置，这样就可以借助风力在帆桅之间相互激荡，从而使得风帆能够不避迅风。

宋代的海船一般都有3～4个桅，在一根桅上挂多张帆。帆既有利用顺风的方形帆，也有利用其他风向的梯形帆。徐兢在《宣和奉使高丽图经》中所描绘的客舟，就有"大桅樯高十丈，头桅樯高八丈，顺风时张挂五十幅帆幕，风稍偏的时候就使用'利篷'，像鸟翼左右张开，以利用风势。大桅樯的顶部另外还有小帆幕十幅……"可见当时帆船制造技术和航海技术的发达。此外，中国古船的水密舱壁结构也为多桅帆技术创造了条件。依托于水密舱壁的牢固联结，桅杆得以向左右舷自由交错拼接，以使帆幕之间更好地相互激荡而取风。

到了元朝时期，我国海船的多桅帆技术得到进一步发展。大型的海船上的桅杆都在四根以上，如1292年忽必烈诏命意大利旅行家马可·波罗护送阔阔真公主去波斯成亲时，就派遣由14艘四桅大海船组成的船队进行护送。

海船的多桅帆技术在明代时获得了突飞猛进发展，最突出的表现就是郑和船队的七次下西洋。郑和船队的海船，从小到大，有三桅至九桅。而当时欧洲的海船最多也不过是三桅。即使是今天，在我国太湖流域、长江流域仍然可以看到多桅帆的各种渔船、沙船等。

其他航海技术

我国古代航海技术中还有计程法和测深法。

早在三国时期，东吴万震在《南州异物志》中便有这样的记载：在船头上把一木片投入海中，然后从船首向船尾快跑，看木片是否同时到达，来测算航速航程。这是计程仪的雏形。这种方法到明代仍然在民间使用，不过规定得更具体些，就是以一天一夜分为十更，用点燃香的支数来计算时间，把木片投入海中，人从船首到船尾，如果人和木片同时到达，计算的更数才标准，如人先到叫"不上更"，木片先到叫"过更"。一更是30公里航程。这样很容易就可算出航行的速度和航程来。

明代，郑和船队在使用上面一种方法的同时还采用了漏沙计程法，即在船上设一个酒壶状的漏筒，装满细沙，沙从简眼中漏出，直到漏尽，把它作为一个计量单位，称为"一更"，每更可航行30公里左右。每一天船只航行

测量航道水深、了解航道底质的铅锤

时间保持在十更。至于风潮顺逆对船速的影响，船队也加以考虑。进行测量时，再采用从船头投木片的方法。这两种情况与标准情况之间存在的误差，在计算船速时加以增减，这样测算出来的航速已经近似于真实了。测算出航行路线与航程后，船员们把它们画在地图上，就成了现在我们所看到的航海图。

古代这种计程的方法，与近代航海中的扇形计程仪比较类似。扇形计程仪也用一块木板（扇形），但要用和全船等长的游线系住。测试时，把它投入海中，然后用沙时计计算时间。沙时计一倒转是 14 秒。可根据沙时计所用的时间长短及游线长度算出航速和航程。

古代中国航海技术中还有一种深水测量技术，至迟在唐代末年已有这种测深的设备，可以测水深 70 丈以上。测深方法主要有两种，一种是"下钩"测深，一种是"以绳结铁"测深。深度达到 60 多尺，这还是浅水测深。再稍晚一些，有记载说用纲下水测深，"纲长五十余丈，才及水底"。纲是大绳，50 多丈，这已经是深水测深了。

除了测量水的深度外，测深所用的设备还可以从深海捞起的泥沙中测知海底的情况，以确定船舶所在的位置是否适合下碇停泊，甚至还可通过泥沙来辨别船舶所处的海域。清初李元春在《台湾志略》中对其有详细记述："如无岛屿可望，则以细纱为绳，长六七十丈，系铅垂，涂以牛油，附入海底，粘起泥沙，辨其土色，可知舟至某处。其洋中寄碇候风，亦依此法，倘铅垂粘不起泥水，徘徊甚深即石底，不可寄泊。"

第六章

船业信仰与习俗

　　舟船对于生活在水域地区的人们来说具有十分重要的意义,它不仅是水上承载工具,也是重要的生产工具。在长期与水及舟船打交道中,人们逐步形成了一些具有水域地区特色的习俗。

第一节
船神信仰与禁忌

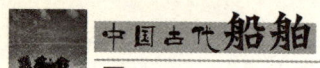

生活在江海河湖地区的人们对水的感情十分复杂,爱恨交织。水是他们的生活来源,可以给他们带来美好的生活,同时水也能导致各种灾难,使人们受伤或船翻人亡。水的多变与无情,水的波澜壮阔,水的呼啸奔腾,使人们逐步产生了水神崇拜。不同的地区有不同的水神信仰,从大的方面来划分,水神以水域为依托,故而人们的水神信仰主要有四渎神信仰、海神信仰和湖神信仰。

四渎神信仰

长江(即扬子江)、黄河、淮河、济水被称为"四渎",为我国民间信仰河流神的代表。据文献记载,从周朝开始,四渎神就享有崇高的地位,作为河川神的代表并由君王来祭祀。这时开始在全国各地修庙祭祀五岳与四渎,这种祭祀一直延伸到了汉代。汉宣帝时,朝廷开始正式列四渎神入国家祀典,设立了专门的祭祀制度,从此五岳与四渎的祭祀成为国家常礼。唐代以后,四渎开始有专门的封号。四渎神信仰源自原始的自然崇拜,随着农业社会的发展以及人类征服自然能力的增强,对神灵的信仰开始渗入了人类求雨、盼丰收的祈愿,祭祀趋向功利化,因而后世的四渎神信仰也逐步社会化和人格化。

江神即长江神。我国古代江神信仰分为整体性的江神信仰和地方性的江神信仰。早在先秦之前,中国就有关于祭祀江神的记载。秦朝统一天下以后,沉璧定祀,在蜀地祭祀江神,并在益州建立江神的祭祠,这时的江神是指象征整条长江的神灵。但地方性的江神亦不少,如蜀地的奇相和楚地的湘君、湘夫人。汉宣帝时,设立了专门的祭祀制度,祭祀统一的江神,但地方性江神仍然存在。唐玄宗封江神为广源公，遣使者祭江。唐以后，民间有长江三王府之说，即上水府马当为广宁江王，中水府采石为济远定江王，下水府金山为灵肃镇江王，也就是说长江分为三段，有三位江神分管各自的辖区。宋仁宗加封长江之神为广源王。宋以后，对江神的祭祀一直得以延续至明清。

有意思的是，作为全国第一大河的浩浩长江，有湘水之神、洞庭之神等，总体性的江神反而不为人所知，与传说情节曲折动人、富有地域特色的地方性江神相比较，显得更加暗淡。据学者分析，这可能正是由于长江支流水神神话传说太丰富、太突出了，故而使得整体性的江神声名大受影响。

很多地方性江神都是由历史上的著名人物逐步淡化而来的。这样的江神因为贴近普通百姓的生活，显得更加亲近，从而形成了与朝廷相对立的一种信仰体系，享受民间香火的祭祀。也就是说"神"性淡化，人性渐强。如长江上的船民于爷会，就具有较强的民间性特征。它的由来源自一个传说。相传唐朝大将薛丁山平西时，义子薛应龙触犯军法，被身为元帅的樊梨花大义灭亲在营门口斩首示众。当天晚上，薛应龙托梦给义父、义母，说他被封为"镇江青龙位"，但这个位置却被一条凶狠的黄龙所占据，薛应龙请求义父、义母于第二日午时三刻在他与黄龙决战时帮助他夺取王位。次日中午时分，果如梦中所言，长江上波涛滚滚，浊浪滔滔，空中一条青龙和一条黄龙相互厮杀。薛丁山命一名神箭手向黄龙射去，黄龙随即掉落江水而亡，青龙就向岸上点头谢恩，随后潜入江水中。薛丁山和樊梨花两人为纪念故去的义子，就在其灵牌上书写"镇江薛应龙之位"。这个传说很快就为大众所熟知。船民长期生活在长江之上，饱受风浪之苦，期待青龙显灵，保佑他们航行安全，便尊他为"薛王爷"、"镇江王"，并为他建寺庙进行祭祀，还于每年农历六月初六即薛应龙死亡之日举办"王爷会"，以保平安。每年这个时候，湖北松滋县的船民也赶赴青龙寺，请和尚设坛祭祀"镇江王"，并请戏班演戏。当日，人头攒动，锣鼓喧天，鞭炮齐鸣，热闹异常。

河神即黄河之神。它是中国古代被崇拜较早、最具影响力的自然神。商朝以后，国家每岁都对河神进行祭祀，并为之立庙。秦国统一了天下后，令祠官祭河。唐玄宗祭河，封河神为灵源公。宋仁宗封河神为显圣灵源王。元世祖遣使祭河，封河神为灵源弘济王。明太祖取消河神王号，封其为四渎大河之神。清顺治帝封河神为显佑通济金龙四大王之神。在历代帝王的祭祀和加封之下，黄河之神本身正如黄河之水，并没有停止本身的流动和变化。

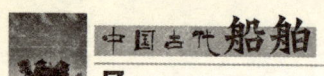

知识链接

祭河伯

最早的黄河河神为河伯,其名叫冯夷,或冰夷,或无夷,地位最高,影响最大。相传大禹治水时,遇到了很大的技术难题。河伯与洛水水神联合提出治水方略,黄河河神河伯献出了"河图",洛水水神献出了"洛书",为大禹成功治水助了一臂之力。

据文献记载,河伯所做的好事不多,劣迹也不少。相传河伯的使者出巡,不但排场非凡,而且飞扬跋扈,所到之处洪水肆虐,严重祸害了黄河两岸的人民。

"河伯娶妇"是古人祭祀河神的一种重要方式。由于黄河之神——河伯本人喜怒无常和贪淫好色,黄河经常泛滥改道肆虐人间,即使人们每年为他选娶新妇也不满足。人们故而对河伯深怀怨恨,又创造出"羿射河伯"的神话。河伯的神话,明显地反映出了古代先民对黄河的认识,旧时民间认为,黄河的放荡不羁是水神河伯的"淫荡"和恶毒造成的。虽然以今天的眼光来看近乎荒谬,但它却从侧面反映出黄河在上古时期经常泛滥成灾的状况。在上古时期,黄河的奔腾漫溢,使周边一片汪洋,给两岸人们带来了深重灾难。

与长江江神一样,黄河河神因时代、地区不同而不断变化,而且不同职业的历史名人也常常被称为各行业祭祀的河神。历史上有名有姓的河神有冯夷、巨灵、陈平、王尊、金龙四大王谢绪、河神圣后等。

民间对黄河水神的祭祀方式,其具体方式、仪式、内容等较繁杂,在不同的地区间的差异较大。

河南孟津地区,旧时风俗,每年除夕船主都要牵羊担酒,到大工庙烧香献羊,进行祭拜。烧香叩头后,用热酒洒在羊身上。如果羊身子抖动,就表示大王已领羊。如果没有抖动,就得再次祈祷、叩拜,再用热酒洒到羊身上,如此反复,直到羊身子抖动为止。然后把羊牵回家进行宰杀。大年初一五更,抬羊至大王庙上供。其他船民也都在家中供奉大王，在船上供神，经过大王庙时，再上岸焚香叩拜。

山东东平地区的祭祀与河南孟津地区相比，差异明显。货船由东平湖驶进黄河的清河门之前，船工要进行敬神许愿。艄公以碗盛水，把公鸡血滴入碗中，立于船头将血水洒入河中，并烧大香和黄表纸，燃放鞭炮。同时，艄公要大声祷祝："金龙四大王，路将军，保护俺一路平安！回来敬神。"如果货船安全返回，则要重新摆供、杀鸡、焚香、叩头等。如果货船中途出了事故，则不再还愿祭祀了，俗话说"出事不敬神"。

淮（水）神与济（水）神，同江神和河神一样，都有一个逐步人格化的过程。秦并天下，淮神、济神开始被尊为水神，并得到祭祀。唐玄宗封淮渎长源公，封济渎清源公。宋仁宗封淮滨为"长源王"，封济渎为"清源王"。元世祖封淮渎为"长源博济王"，封济渎为"清源菩济王"。明代则去前代所封号，封东渎为"大淮之神"，北渎为"大济之神"，崇奉依日。由于长江、黄河的广大浩瀚，哺育的人口众多，影响更大，而淮河、济水河道不断淤积，影响渐小，淮神、济神慢慢从全国性的神灵演变为地方性的神灵，民间信仰活动也逐步消失。

海神信仰

我国古籍《山海经》中有最早的海神及其名称的记载。据《山海经》记载，我国最早的四海海神名称为：东海海神禺䝞（郭璞注：䝞又作号）。南海海神不廷胡余，西的海海神弇兹，北海海神禺疆（即禺京，禺强）。

根据我国学者考证，原始自然宗教信仰的发展，其神的形象经历了从动物为主的自由物神—半人半动物神—人形的神的特征阶段。汉代以后，海神信仰日趋人神化，四海海神相继有了自己的名称，如东海之神勾芒，南海之神祝融，西海之神蓐收，北海之神玄，而且都配了夫人。后来被统称为四海神君，龙王信仰兴起后，四海之神又称为四海龙王。

有意思的是，与河神不同，海神有不少女性。南海普陀观世音是我国的第一位女性海神。观世音在民间地位逐步上升，位列中国女性海神之首，并且逐渐压倒和取代了四海龙王。在北宋初年，又出现了另一位重要的女性海神，那就是大名鼎鼎的福建妈祖。妈祖确有其人，其死后的鬼魂转化为神。与观世音

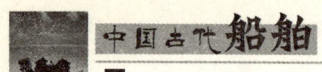

一样,她的名气也越来越大,被历代帝王封为"天妃"、"天后"、"天上圣母"等,影响遍及我国东南沿海以及港台地区和东南亚许多国家。

此外,在中国古籍中,中国女海神还有东海姑、黄衣妇、海神女及宋代道书中所记载的南溟夫人等。但对后世影响最大的则是妈祖。

妈祖,被称为天妃、天后娘娘等,我国后世重要的一位女海神,在东南沿海、港台及东南亚等国影响深远。这种信仰大约始于唐宋,至于其神的来历、身世多有不同说法。

知识链接

妈祖的传说

一说是妈祖姓林名默,为莆田湄洲屿人。据史书所载,妈祖是福建望族林氏后裔。她天资聪颖,通晓天文、地理、医术,后得传玄机妙法,能够"乘席渡海,预知人休咎事",经常为乡亲治病和救助遇险的船只,人呼"龙女"。不幸的是,林默20岁时,因救人溺海而亡。渔民们称她羽化升天,供奉她为"天上飞仙海上神",又在湄州岛修建了第一座妈祖庙。相传林默羽化升天后,屡屡显灵救助苦难百姓。千百年来,她的名字和事迹被海峡两岸及东南亚国家的人民所传颂、所敬仰,成为亿万群众心中的"天上圣母"、"海上女神",被后人亲切地尊称为"妈祖"(意为"老奶奶")。关于妈祖是莆田林氏女的说法在学界得到广泛认同。

一说是妈祖姓蔡。据《闽都别记》记载,长乐蔡氏,世代在琉球为官。明万历年间,耳目大夫蔡金城有一个女儿叫红亭,十六岁,她天赋禀异,瞬间即可在海上神游千里,熟睡时常常出大汗。一次姐姐看见她满头大汗地睡着,便把她摇醒了。她睁开眼睛就说:"姐姐断送了几十条人命啊!"姐姐问其原因,她说:"在一处海域有海船遭遇风浪将倾覆,妹妹我正在和风神作战,已经获胜了,现在被你摇醒,风神能饶恕那些船吗?"姐姐把这件事告诉了父亲,父亲经查证后确认是真事。一天,她在海上遇到了临水

第六章 船业信仰与习俗

夫人，就恳请临水夫人收自己为徒，临水夫人答应了。没过多久，驻守该地的封王有使者经过该地，听到了这种奇异之事，就拉着她一起去朝廷见王。途经长乐时，红亭拜谒了蔡氏祖祠，与族人相互叙述家世，众人得知她是蔡氏姑姑一辈。没过多久，他们一起到达海滨，看到一个和神龛十分想象的岩石，红亭不久就在其中坐化了。族人非常惊异，就按照她的肉身塑了一个雕像。从此，行船的人在海上遇到大风浪时，只要高声呼喊"蔡姑婆"，都能够获得救助。

　　因为妈祖的灵异之事，且总是帮助渔民逢凶化吉，人们便称妈祖为"海上女神"、"平安圣母"。广东、福建沿海一带都普遍建有妈祖庙（又名为"天后宫"）。除初一、十五上香外，每年农历3月23日，还要隆重祭祀妈祖诞辰。即便是平素悭吝的船主，这一天也要以"五牲"或"三牲"祭祀"妈祖"，盛宴招待全船员工。有的地方还演戏给妈祖看。有的地方每年正月有游神赛会，人们都要抬着妈祖神像出游。除了在庙里供奉妈祖外，渔民还在船上供奉妈祖。渔民每次出海，都要先在妈祖面前烧香膜拜，祈求妈祖保佑平安。人们崇尚妈祖的美德，广泛传布着她生前行善救人的传说。同时，也把发扬妈祖美德作为自己的行为准则、道德规范。因此，渔民们在海上只要看到遇难船只，都会尽力相救。有时捕到海龟、海鳖等珍奇海生动物，也总是把它们放回海中。

　　除了龙王、妈祖外，各地还信仰一些地方性的海神。这些海神大多是为当地渔民做了很多好事的人。如山东即墨市田横

妈祖塑像

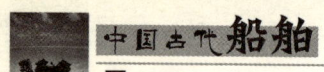

镇周戈庄祭祀的孙仙姑，山东威海市刘公岛上的刘公祠供奉的刘公、刘母，广西廉州、钦州一代民间信仰的海神三婆婆，京族崇信的海公、海婆等。

此外，与海神信仰相对的还有潮神和涛神信仰，如浙江黄岩一代的潮神岱石王，钱塘江的潮神、涛神伍子胥等。

湖神信仰

中国大地上分布着众多湖泊，居住在湖泊周边的人们生活、生产都离不开湖泊。同样，湖泊也给人们提供了生活来源，如丰富的鱼类资源、水生植物等。但湖泊也喜怒无常，有时狂风大作，浊浪滔天，令捕鱼的渔船或经过的货船船翻人亡。对待这种无法预测或控制的意外事故，人们认为有某位神灵主宰着他们的命运，故而相信通过供奉祭祀某位神灵就可以得到庇佑，有关湖神的信仰也就应运而生了。

湖南境内的洞庭湖是我国第二大淡水湖，洞庭神君便是洞庭湖的湖神，其事迹在民间传播较得为广泛。唐代的传奇小说《柳毅传》中的柳毅便是一位较有影响的洞庭神君。他司职洞庭水域，沿湖的人们为了寻求其庇佑，在船舶出行前都要对其进行祭祀供奉，焚香叩拜。

知识链接

拜杨泗

洞庭湖一带船家还信奉杨泗将军，并且船民逢庙必拜，俗话说"大庙不离洞庭（王爷），小庙不离杨泗（将军）"。

长沙一带至今还流传着关于杨泗将军的传说：古时，在湘江边上住着两个人，一个叫杨泗，喜欢仗义执言，帮助他人；另一个叫吴义龙，以作恶为乐，打架生非，杨多次规劝都无效。同窗暗地里称他为"孽龙"。吴听到后，不思悔改，恶狠狠地说："老子真要变成龙了，就要把这里冲光，就要把中国变成汪洋大海！"杨泗马上针锋相对："你敢把中国搅成汪洋大海，我就誓斩孽龙！"后来，有一次吴应龙写字厌烦了，跑到河滩边玩，偶然捡到两个龙蛋，吃了龙蛋后，他的头上长出两只龙角，身上长了鳞甲，果然变成了孽龙，杨泗后来也成了神。孽龙本性未改，果然在河里兴风作浪危害民众，杨泗毅然跨上坐骑，手执大斧与他斗了三天三夜，孽龙战败，翻身便逃，后来观世音怕他危害长沙，用计将其锁住，杨泗便将其投进一个井里。

杨泗死后，长沙一带人们便为他立庙塑像，船民们都亲切地称呼他为"杨泗将军"。后来南宋农民起义军领袖杨么，反抗朝廷，卫境保民，为民伸张正义，他被俘牺牲后，人们也为他塑像立庙，以"杨泗"称呼，尊为"杨泗菩萨"。

船业禁忌

生活在水域周边的居民，尤其是常年在船舶上颠簸，向水讨生活的船民、渔民等，面对狂风恶浪、波涛汹涌的江海，总是会感到人力的渺小，相信冥冥之中必有主宰这些异类现象的神灵，于是他们便虔诚信奉某些力量强大的神灵，向其供奉香火。但即便这样，各种意外的事情仍时有发生，经过深思苦想，他们找到了一个自认为合理的解释：可能是自己没有严格遵从神灵的指示或在某个环节自己违背了规矩，故而遭受了惩罚。这样，与船的信仰相伴而生的，便是船的禁忌。简单说，禁忌指的是人们对社会行为、信仰活动中的某些约束观念与做法。

长期生活在水上的渔民或船民，随时都可能面对不可知的意外，他们无法理解这些变故，从而向神灵寻求精神的航向。为了祈求行船安全，求得神灵的更多的庇佑，他们必得遵循更多潜意识中自以为应该遵循的规矩或原则，一旦神灵"显灵"了，他们更加谨守不渝，所谓的禁忌就是这样形成的。在水上生活中，出于趋吉避祸的心理考虑，船家之间慢慢形成了很多必须要共同遵守的禁忌。

我国各地船民或渔民生活的水域不同，生活环境有异，故而形成了内容繁杂、约束性强的各种禁忌。有些禁忌带有明显的性别歧视，有些禁忌以今天的眼光来看出显得极为荒谬。如今，船家的很多禁忌都已经销声匿迹了。

旧时的湘船，禁忌就特别多。船家很看重船头，船头是船上神圣之处，受到格外敬重，有"船头即人头"的谚语，妇女上船不得自船头经过，忌讳女人脚踏船头，只能通过跳板上船。船家清理打扫时也讲究方向：空船待货时，要从船头起向里边方向打扫，表示商船进货；载货时则从舱里向外方向清扫，表示货物快装卸。船家吃饭也得看方向，要从顺风方向之饭锅用勺子挖饭，称为"开风口"；切忌不看风向，在饭锅中心挖饭，这叫"挖窝心"，这是极不吉利的行为。船家把鱼看得很神圣，在吃鱼时也不能用筷子先戳鱼头，待吃过了其他部位的鱼肉时才能动鱼头。此外，船上男女的衣服一定得严格分开晾晒，男人的衣裤绝对不能与女人的衣裤沾搭在一起。

广东潮汕地区的船家也有很多需要注意的禁忌。船在江上行驶时最忌遇到蛇和鱼。遇上前面有蛇争道横渡时，船舶一定要加快速度，不得让蛇抢过船头。据说船是龙，若斗不过蛇，这趟航行就要倒霉；若有鱼跳上船来，无论大小都要把它放回去，并抓两把米撒进江里。渔民认为鱼是龙王的亲戚，跳上船是为了乞食。船舶顺风得利都得依靠龙王，当然不能亏待他的亲人。在生活中很忌讳讲"翻"字。就餐盛饭时，饭勺要直插在锅里不能放倒。在船上晾晒衣服，不能把衣服翻过来晾晒。吃鱼时，吃完了一面再翻另一面时，要说"顺过来"。广东阳江地区的人们在行船航行中，有很多严格的规矩和禁忌。在船上，人们忌讳说"油"字，因为游与油同音，没油了要买油只能说买清膏。伙计下去游水，也只能叫踏水；在船上还忌说"坐"字和"翻"字。船上来了客人，不能说"请坐"。煎鱼或炒菜不能说"翻"，只能说"顺"；渔民在岸上晒网结网时，不许生人尤其是妇女践踏网，如踏了对方必须要封红包才可解霉运；用餐时所有人都要蹲着吃，忌坐舱口晃足吃饭；有意思的是，阳江地区的吃鱼方法正好与潮汕地区相反，人们吃鱼要从头吃起，剩下鱼尾，还不能用筷子叉断鱼尾。因为鱼被看成是船，船头断，犹可补，如船尾断了，船就沉了；水上航行，遇到"水流神"（尸体），人们都会义不容辞地将尸体捞起，在陆上进行安葬，或向沿海各地通报认领。

在山东日照地区，渔民也有很多禁忌。渔船上忌讳家有红、白事，或还未满月之人及妇女上船；出海打鱼时忌讳用满载之类的词来祝愿，也不可以说捕大鱼之类的话；船民不讲或忌讳别人讲"抽丰"、"抽头"等语；坐在船上，忌把双脚悬于船舷外，以免"水鬼拖脚"，忌把头搁在膝盖上同时用手捧着双脚，认为这样的姿势不吉利；忌在船头（龙头）小便；船上吃鱼时，要先吃鱼头，意示"一头顺风"，但忌讳"翻"字，不可翻动盘中的鱼，也不得先攫食鱼眼，隐示"翻船"，不吉利。此外，船家也很重视说话用词，出言必以吉利为主。遇到不吉利的谐音、方言都要用改称，如"塔"改叫"星"，"十"或"石"等字改叫为"赚"，石浦改叫"赚浦"，猪头称"利市"，猪耳称"顺风"等。

安徽桐城对讲吉利话尤其重视，遇到忌讳的字、词或句子都得改为吉利的，如帆与"翻"谐音，则改称为"篷"；盛与"沉"谐音，故改叫"装饭"；桅谐"危"，故叫"将军柱"；若船上有方姓者，因方与"荒"谐音，则改称其姓为"拐里弯"；不称船主为"老板"（捞板），而称船老大；为图吉利，船家用十二生肖代称船上的主要条件：船头叫"龙头"，船头部叫"猪嘴"，舵牙叫"牵牛"，幔子叫"老鼠"，葫芦叫"猴头"，锚枕叫"虎口"，缆索叫"狗脑"，力索后段叫"狗尾"，插栓叫"鸡冠"，篷上竹竿叫"兔耳"。

知识链接

浙江造龙舟习俗

龙舟是浙江地区的一种特殊船舶，其制作方法与一般的船舶制作略有不同。制作龙舟场地一般选在祠堂的大厅内，周围用塑料或布匹遮盖得严

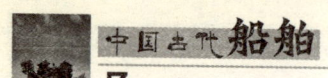

严实实，不准小孩和女人走进场地。在用料上，龙舟底部的木料称主筋木，一定要用偷来的树木制作。民间认为盗物需要跑得很快，因而用偷盗来的木料制作龙舟，别人就很难追赶得上。待选好良辰吉日（一般选在吉日子时）后，接着就是发木仪式了。龙舟首司把偷来做"主筋木"的树木架在木马上，摆在场地的中央，并在木头前摆放供品。掌墨师傅焚香后，口中念诵："天门开，地门开，弟子有请鲁班仙师下凡来。今年今月今日今时辰，某府（或某地）选择黄道吉日嘱弟子新造龙舟，望各路神仙保佑……"诵毕，掌墨师傅在树木上弹下一根墨线，再砍下第一斧，表示造龙舟正式开始。

最为神秘的是雕龙头仪式，由两名未婚男子将合规格的樟木送至密室的木马上，雕匠要沐浴更衣，供奉点燃的清香，对樟木三揖三拜，再次念诵口诀，接着反身将斧头劈在树上，雕制工作便正式开始了。此外，还要遵守不少禁忌，如雕匠在此期间不得离开密室半步，也不得与女人同床，每餐吃素。龙头雕刻完成后，要举行盛大的典礼，赋予龙头以灵性。龙舟的竣工仪式尤为隆重。这天要大摆筵席，把所有帮工的人都请来，以示感谢。此时造龙舟场地也向所有的人开放。在龙舟前设香案，点上香烛，摆上所有供品，一只大公鸡和掌墨师傅的墨斗、斧头及顶端系红绸的木尺。此时锣鼓阵阵，鞭炮齐鸣，掌墨师傅一边把木尺上解下的红绸系于龙角上，一边口中赞道："手持红绫三尺三，鲁班仙师赐我把头关。今有某府新造龙舟成功，命弟子关头，弟子请来仙师相助，请仙师保一方平安。"然后提起公鸡，掐破鸡冠，将鸡血抹在龙舟各部位，口中念诵赞鸡的祭辞，再将米撒向四方，并唱赞四方，最后将供品抛向众人。仪式完毕，龙舟的制作便大功告成。

第二节
船业习俗

在长期与水及舟船打交道中，人们逐步形成了一些有水域地区特色的习俗。

造船习俗

相对于陆上交通来说，水上交通的危险性无疑更大。不管是在"无风三尺浪"的汹涌的海洋，还是在急流湍急的江河，只要船舶在航行中稍有闪失，便会造成人员伤亡。因此，船民或渔民十分重视船舶的制造，把它视同于建造新房屋，故而在造船的整个过程中，各地便形成了一些具有地域文化特色的造船习俗。

对渔民来说，渔船就是他们的全部家当，既是他们的宅居，又是他们的重要生产工具。在广东湛江沿海一带，制造渔船对当地人来说如同建造新房屋，因而当地十分重视舵公。造船（俗称"钉船"）时要请阴阳先生查验舵公的生辰八字，以此来确定吉日良辰进行开工、新船下海等。

如果是合伙造船，合伙人要进行一番商议，以确定艄公和头竿人（正副舵手），并由艄公执理造船事务。合伙的人数也有讲究，以奇数为吉，或五人，或七人，但对八则尤其忌讳，因为合伙后重要的事情都要听从艄公的安排，而八有"八仙过海、各显灵通"之意，具有"各自为战、散乱无组织"的意思，这对共同造船及以后的相处来说都是很忌讳的。

同样，造船的日子也要同艄公的生辰八字相合，并要举行"祭龙骨"仪式（龙骨即船底的中心方木）。仪式要办得很隆重，届时要请木匠师傅来主

中国古代**船舶**
ZHONG GUO GU DAI CHUAN BO

迎王船祭

持。木匠师傅郑重地安下龙骨后，伙计们便把备好的糕饼、香果等祭品，分别摆于龙骨、首尾和中间，以表示祭祀龙头、龙尾和风坛三个重要部位。一切准备妥当后，木匠师傅一边口念"择日兴工，年年头宗"或"选时选日安槽心，年年赚万金"等吉利语，一边在这三个部位上各弄三虚斧，祷祝顺利开工。当造船工作顺利进行到安龙头盖时，这时要在上面挂红彩布，并用榕青、竹青、棕毛和红头绳等系于龙头盖上，表示有彩头。此外，还要给船安装龙眼。当地人认为船安装了龙眼，就会像龙一样在海水中畅游。船的两眼用银币制成，蕴涵开眼见财之意。放置银币还含有另一层意义，即示意天子的尊严与威武，因而在安设银币做龙眼时一定要把铸有王朝年号的一面朝外，否则出海不利。当然，今天造船时安装龙眼，更多的是为了图吉祥，已经没有这层含义了。当造船进行到安装船侧上方的条木时，合伙造船的伙计们要一起吃甜粥，表示以后心要黏在一块，团结互助，有福共享，结伴百年。新船竣工下水，还要进行一番祭拜仪式。伙计们要备好三牲九果祭土地神。因为土地是掌管一方水土最直接、最亲近的神灵，因而渔民在船舶竣工时都会很好地孝敬土地爷。祭品要摆在头舵、尾舵和风坛三处。由艄公担任主祭人，祭拜时需打开舱门，铺上跳板。这时主祭人烧香叩拜，请土地神入座，并念"叩拜天公，人寿年丰"、"祭谢土地，顺风得利"等吉言，其他的合伙人也要跟着祭拜。待三炷香烧完后，再燃放鞭炮热闹地把土地神送回庙宇，造船仪式至此才算结束。

　　造船时亦有不少禁忌，有些带有明显的性别歧视色彩。如新钉的船，孕妇、来月经的妇女是不能上去的，因为人们认为这类人不洁，她们上了船会给船主带来灾难。如果新船造成后，船主的亲人有生了孩子的，这时就需要进行"旺船"，船主要亲自抓来一只红公鸡，用牙咬鸡冠，把鸡冠血滴到船头、船尾，用来辟邪。

　　湖南邵阳地区水路运输历史悠久，造船业发达，船民风俗淳朴。过去，造船一般由个体造船作坊承接，船主备好造船木料。当地有两种造船方式：

第六章　船业信仰与习俗

一是"发包"，船主把船舶的规格、价格、交接时间等和造船工匠商议好，等船舶造好后，付钱取船；二是"点工"，就是船主把工匠请到家，负责招待，提供食宿，按双方商议的工价按天计酬。当然，无论哪种形式，造船时都要有一些重要的仪式，要备好三牲祭拜土地、河伯及财神，尤其是开工与竣工时船主要备好丰盛的筵席款待工匠及亲朋好友。

在湘西，和重视选择建房材料一样，船主很重视选择船舶的木料，为了船舶建造完成后水上航行的安全，在整个造船过程中都会有一些重要仪式。选木材时有一些禁忌，不能选择寺庙或道观前后的树木，因为它们是神圣之物，不能冒犯，否则得罪神灵必遭严惩，甚至会有船毁人亡等严重后果。造船开工时，要选择吉日良辰。备好祭品，焚香点烛，并请掌墨师傅主持仪式。届时掌墨师傅揖跪祭拜鲁班先师像后，一边手捧《鲁班经》，一边大声念诵："开山子（斧）一响天门开，请得先师鲁班下凡来……"开工仪式结束，船主要准备筵席，款待掌墨师傅和众工匠，称"做东酒"。新船造成，要再次祭拜鲁班先师与船舵的发明者水母娘娘（相传为鲁班之妹）。届时还要请掌墨师傅主持竣工仪式，掌墨师傅一边手提一只大公鸡，咬破鸡冠，将鸡血洒在封头板与船舱上，一边唱诵祭辞，并擦去鸡血。唱毕，船主送给掌墨师傅一个红包，并再次宴请众工匠，称"封头神福"。

设置船灵魂的习俗

设置船灵魂，一般是制造新船时，在盛放淡水的水舱梁头合拢处的龙筋内挖个圆形小孔，在小孔里放置银圆（后改为铜板或铜钱）。有的地区也采用妇女身上的东西或生活用品，如一束头发、一方小手帕、一块小手巾等，将这些东西包裹好放入小圆孔内，再用铜钉或银钉将封孔的小木头钉实。之所以采用妇女身上的东西或生活用品是认为女人身上的东西洁净如水，充满灵气，设为船灵魂可以辟邪扶正。放置银圆或铜板、铜钱，是示意天子的尊严与威武，故放时必须要将铸有王朝年号的一面朝上，否则有不祥之兆。在中国，历代王朝的皇帝象征天子，是龙的化身，而龙行于海，则乘风破浪，一路平安。东南沿海船民设置船灵魂，是一种信仰，是他们追求幸福、盼望丰收、祈求平安的心理表现。

旧时，沿海渔舟设船灵魂的仪式同造屋一样隆重、考究，木工师傅破木料，要请阴阳先生择良辰吉日，并用三牲福礼敬请天地神祗。祭后，东家向

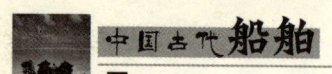

木工师傅敬酒，送红包铀。船上梁头（龙骨）定位时要像竖屋上梁一样披红挂彩。20世纪50年代初，安置船灵魂时不再设祭灵供品，但设船灵魂的仪式依旧十分神秘、肃穆。当今海舟改造，弃木易铁，置船灵魂的风俗渐淡，惟嵊泗列岛仍很盛行。

日本海岛的渔民中亦有设船灵魂的习俗。他们用银元、铜板甚或金币作为龙的象征物，用妇女的头发将它扎住，放在桅杆上。因为这些日本人崇拜的图腾不是龙，而是神鸟。他们把渔舟作为展翅万里的鸟神，风帆则是鸟的翅膀，桅杆则是支撑神鸟的动力与骨架，所以把船灵魂设在桅杆上。

海船两侧的船眼睛

我国广西、广东、福建、浙江、江苏等省及上海市沿海的海船，船舶两侧都画有醒目的船眼睛。船眼睛有三种：一曰"龙眼"，二曰"凤眼"，三曰"蟒鲜眼"。其来历有四种说法：一是明朝永乐年间（1403—1424年）航海家郑和从江苏下西洋的船队中的库船画有船眼睛；二是鲁班大师在浙东造海船，有先造槽，后制舵，再将船眼睛钉在船舶两侧的程序；三是玉环坎门的传说，一位渔姑救了海上神鱼，她帮神鱼擦眼泪时，眼泪变成了一对慧眼，她将这对慧眼镶在自己船头，成为当地渔民捕鱼的引航船；四是舟山称渔船为"木龙"或"水龙"，龙无目即为盲龙，故要置一对"龙眼"，以显示"蛟龙明目

船眼睛

闹东海"的威武气概。

我国东南沿海海船的船眼睛制作有两种方法：一是在船舶两侧用色彩描画，二是用木雕刻并钉在船角下首。舟山群岛称船眼睛制作为"定彩"，定彩的仪式十分隆重，事先要请风水先生择定吉时良辰，并按金、木、水、火、土五行分别在钉船眼睛的银钉上系上五色丝线。船眼睛由优质樟木精雕而成，呈半球形状，眼珠微凸，须由船主将其嵌在船头上，还要用新红布或红纸将其覆盖。这一过程称为"封眼"。当新船下海入水时，船主会兴奋地揭除红布或红纸，船头便露出一对圆睁睁的"龙眼"。同时，鞭炮齐鸣，锣鼓声声，以庆贺"木龙启眼"。在浙江坎门一带，置船眼睛时还得在眼睛内壁嵌一枚银角子或银元。船眼睛的设置位置很有讲究：捕渔船的船眼睛都向下，意谓能看到海中鱼虾，渔船因此而丰收满舱；商船（即运输货船）的船眼睛则向前看，象征一帆风顺，破浪向前；还有一种送瘟神的象征性的纸船，谓之"神船"，船眼睛朝上看，示意灭怪降妖保平安。凡是用樟木雕刻的船眼睛，在安置时，钉子的数量很讲究，不多不少3个，下钉位置也要求准确。在浙江象山、镇海一带，有一种叫"绿眉毛"的海船，船眼内均藏有金币或银元，以取吉利。象山人称船头为徒门，如船之鼻涂上红色，在船眼睛周围则涂上草绿色，使船眼睛更醒目。奉化人钉船眼所拣选的日子必须要与船主的"八字"相吻合。这里做船眼睛的木材不是香樟，而是乌龙树。相传乌龙树是被东海龙王治罪后的乌龙的化身，用这种木材做船眼睛，遍行沿海十八国都不会迷航。而且，这样的船眼睛还有追踪探索鱼群的功能。旧时船眼睛内嵌的银元或铜锢，今改为壹元人民币硬币。在开眼后，再求来某庙尊神的"开光牒"作为开光保护符，贴在上面，在牒外再挂一缕尺余长的五色彩线，以给木龙育神光。据说，观音菩萨的五彩祥光会给木龙孕育五色眼神，故上彩线时必须要供奉观音菩萨。船头摆八仙桌，点焚香烛，敬上三牲及水果糕点，船主下跪祭拜时，要在心里默默向观音大士祈祷。

关于海船的船眼睛位置，一般来说在船舶两侧，如福建连江船、马槛船，广东横江船、乌槽船，江苏沙飞船、大排船，浙江象山绿眉毛船、舟山群岛乌沙船等。但也有个别不一致的，始源于浙江上虞与绍兴交界的三江口卤潭船（系由运盐船改为货船），船眼睛钉在船头"八"字形反角上，位置高过了船舶的甲板，如1996年版《晋江市交通志》彩照所示，泉州海舟的船眼睛钉在船舷大撒的上方，位置向后推至头舱两侧。

知识链接

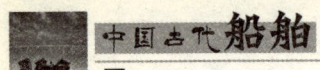

平湖船俗

旧时，平湖渔民多以一只小船为家，生活生产都离不开船。凡每次新船下水时，要有几位青壮年戏船，戏弄得船舱里有水，而且个个全身衣衫湿透，俗称"吵船"。然后，船头要钉四条红绿绸布，俗称"如意喜钉"。钉的时候，东家有意藏起一条等木匠来找："东家，还有一个喜钉哩。"这是一句口彩，东家还要送喜钿。渔民习俗，喜钉是新船的象征，东家送了这个喜钿有能发财再添新船之意。船上的后舱铺上横板，是全船最宽敞的地方，主要用来吃饭、聊天、待客。舱门上要贴上大红喜字，舱里要摆起八盘食品，用香烛供佛。食品有圆团、米粉糕、定胜糕及水果之类。还有一个"聚宝盆"，聚宝盆里堆放着鲤鱼、葱、万年青、竹笋、秤，这些东西也可用糯米粉捏制。借其谐音，表示祝福之意。秤：称心；竹笋：生活像雨后春笋节节升高；万年青：万事兴旺……寄寓了渔家对生活的美好期望。

渔民还要在船的舱门上刻上玉帝、王母、如来、观音八个字，以祈诸神保佑平安。

船头和船尾经常放有种着葱蒜和万年青的盆景，意味着渔业兴旺。逢年过节，这盆里还要插上小红旗，船舱门上都要贴大红纸。贴的时候，红纸方形对角，意味着尖头向前，乘风破浪。下河打鱼，撒第一网时，要先在网中撒一把蚕豆，以讨满网鱼虾的吉利。

旧时，吃完饭后将筷子放在碗上是渔民十分忌讳的事，这是渔船搁浅之兆。同时，每条船上都要供奉大禹像，因为相传大禹曾到过江南水网地带制服恶龙，把它锁进河底洞里，洞口压上一只大铁锅，不让它出来兴风作浪。

第七章

古代船舶文化

　　中国舟船历史悠久,舟船文化也十分发达,各地形成了很多独具地方特色的船俗。舟船不仅仅是一种物质载体,也是一种重要的精神载体,具有丰富的文化内涵,承载着人们的情感、思想及特定的文化意义,因而,船文化是我国一种宝贵的文化遗产。

第一节
丰富多彩的船舶文化

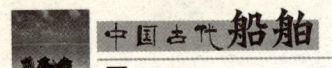

独特而丰富的船文化

船文化是指通过对铁、铜、木材和燃料等原材料进行加工，将人类的意识形态和上层建筑注入到这些没有生命的原始物质当中，被许多有组织的人按一定的技术规律组合成船舶这一水上交通工具，并注入、储存特定的观念，在自然的形式里渗入价值观念。

在上古时期，舟船的发明及使用主要是为了满足人们的生产、生活所需，但随着历史的发展、舟船规模的扩大及航行技术的发展，舟船的功用除了满足人们的物质需要外，更具备了精神上的象征意义，打上了阶级的烙印。

舟船作为精神的象征还有一种体现就是诗词。我国古代诗词文化辉煌灿烂，舟船意象繁复，类型多样。有象征漂泊的，如韦应物的"凄凄去亲爱，泛泛入烟雾。归棹洛阳人，残钟广陵树。今朝此为别，何处还相遇。世事波上舟，沿洄安得住"（《初发扬子寄元大校书》）之长叹，如杜甫的"细草微风岸，危樯独夜舟，星垂平野阔，月涌大江流。"（《旅夜书怀》）之凄孤，如孟浩然的"移舟泊烟渚，日暮客愁新"（《宿建德江》）之寂寞等；有表达离情的，如孟浩然的"日暮征帆何处泊？天涯一望断人肠"（《送杜十四之江南》）之感慨，如李清照的"只恐双溪舴艋舟，载不动、许多愁"（《武陵春》）之哀怨，如温庭筠的"过尽千帆皆不是，斜晖脉脉水悠悠"（《梦江南·千万恨》）之惆怅等；有赋予超俗意义的，如孔子的"道之不行，乘桴浮于海"（《论语》）之嗟叹，如苏轼的"小舟从此逝，江海寄余生"（《临江仙夜饮东坡醒复醉》）之苦涩，如李白的"人生在世不称意，明朝散发弄扁舟"（《宣州谢眺楼饯别校书叔云》)之无奈等;有抒发快意的,如李白的"两岸猿声啼不住,轻舟已过万重山"(《朝发白帝城》)之欢悦,如王安石的"嗟我欲归宜未晚,雪舟乘兴会相过"(《寄致政吴虞部》)之洒脱。在我国浩瀚的古诗词文化中,舟船已不再仅仅是一种物质的载体,而是一种精神的寄寓,是诗人词家借以表达或失意或得意或悲伤或快乐等情感的一种精神象征,寓意深远,内涵丰富。

船饰文化

自从船舶出现后,随着人类征服自然能力的增强和人类自我认识的提升,船饰文化已随之出现。从简单的纹理装饰到精美的雕刻画、彩绘图案,都打上了人类文明不断进步的印记,也蕴涵着人类丰富多彩的各种习俗。船眼、船魂、船神龛、船旗及船饰画等,经过人们的不断修饰和装饰,寄予了人们征服海洋和祈求平安丰收的强烈愿望,也展示了船饰习俗的独特之美。

船饰文化是统一的整体,有的船舶在船饰上既有彩绘图案、雕刻图案,又配有船联,同时也反映了色彩审美的追求,常常会出现几种船饰方式融合交汇的情况,因而把船饰习俗按彩绘习俗、雕饰习俗和船旗与船联作一个初步的划分,只是相对的。

1. 船舶彩绘

船舶彩绘的习俗在我国源远流长,最初的船舶彩绘只是出于行船的安全考虑。船舶在海洋或江河上行驶,突然遭遇大风大浪,人们便以为是水中的妖魔、龙或其他的怪兽在作怪。为了求得航行的安全,降服这些作怪的灵物或怪兽,人们便在船首、船尾及整个船体画上各种更凶猛的飞禽走兽,这样船舶彩绘习俗便产生了。

"鹢鸟"是最早出现的镇船所用的船饰图案。它是民间传说中的水上神鸟,水妖浪怪均惧之,甚至连龙见到它也十分害怕,因而其形象或者眼睛常被绘于船首尾,以图吉利。《晋书》云:"凭鹢首以涉洪流。"这说明人们已经形成了只要在船体上画上鹢鸟的头像就可以安全渡过湍流激水的观念。《西京赋》亦载:"浮鹢首,翳云芝。"三国时吴人薛综注解说:"船头象鹢鸟,厌(厌胜之厌)水神,故天子乘之。"也就是说,鹢鸟可以克制水神,使之不能兴风作浪。据史料记载,公元前514年,吴王阖闾任用伍子胥造战船。当时造了一种专供

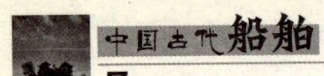

吴王乘坐的大型船舶——馀皇，这是一种在水战中供王侯作战指挥所用的战船，它形体高大，首尾高耸，在恶浪中安稳如山，这种战船的船艏便绘有作空中飞腾的鹢鸟，给馀皇增添了惊人的威猛之气与骇人的萧萧杀气。《晋书·王濬传》记载，西晋时王濬在巴蜀大量建造战船，所建造的最大楼船可装载两千余人，船上可骑马驰骋。他还命令画匠在船头画上鹢鸟怪兽，来震慑江神。

除鹢鸟作船饰外，虎、鹰、狮、龙、麒麟等猛兽也是船体彩绘常用的船饰。这些灵兽既可镇祟辟，又可降福呈祥，凶猛而具有威慑力，因而也是船舶常见的彩绘题材。比如虎的船舶彩绘，文献中就有不少记载。《东京梦华录》记载水殿观争标时说："所谓小龙船，列于水殿前，东西相向。虎头、飞鱼等船，布在其后。如两阵之势……并虎头船之类，各三次争标而止。"可见北宋虎头船已经是赛舟的一种。《清稗类钞》也有一段记载："水中赛龙舟，且有饰成凤形虎形之船。"而最多的船舶彩绘图案当推龙了，龙能在海中亦能在空中驰骋，呼风唤雨，故而民间认为在船舶上画上这样一种灵兽，在江河上突然遭遇飓风恶浪时必然会逢凶化吉，化险为夷。当然，船舶上喜用的龙彩绘可能与中国人的龙情结也有关，因而装饰华美的龙舟也就称为中国的一大特色船舶。还有，古代船舶还常常直接把龙形图案绘在船体上。明代郑和宝船，各种灵兽图案异彩纷呈，有的两舷侧前部有庄严的飞龙彩绘或浮雕。《乾隆南巡图》中有的将龙形图案彩绘在船两舷外板上及披水板上。

此外，船舶彩绘的重要题材还有花纹、花草、禽鸟、阴阳鱼等。随着社会的发展，船饰的功能不断由镇船驱邪向吉祥娱乐转化，各种神话传说、佛经故事、英雄人物等也加入船饰题材的行列，如"足踏莲台观世音"、"八仙过海"、"鳌鱼驮岛栖海图"、孙悟空等神话故事，有关云长、武松、赵子龙、岳飞等古代英雄人物形象，还有江苏沙飞船上的"吉祥如意"、"日出东升"等彩绘画，可谓是题材五彩缤纷，内容丰富多样，充满了浓郁的民俗气息。

2. 船舶雕饰

随着造船业的发展，对船饰的艺术追求不断增长，船舶雕饰因而成为更为常见的船饰艺术。雕刻是立体、多层次的，加上光影的变化，使其比起平面的彩绘有更强的表现力，故而在船舶装饰中最为普遍。最早的船舶雕饰物算是1977年浙江余姚河姆渡遗址出土的距今约七千年的一把雕花木桨，该桨柄和桨叶由同一块木料支撑，残长63厘米，宽12.2厘米，厚2.1厘米。该木桨做工精细，在桨柄和桨叶结合处雕刻有弦纹和斜线纹图案。

据文献记载，随着历史的发展，船舶的雕饰也越来越精美。公元222年，魏将曹休准备进攻吴国新市，见吴将贺齐军营兵甲器械极为精好，所乘船舶雕镂彩绘，精美绝伦，武器充足，故而不敢妄动，只得引军而还。东晋顾恺之的《洛神赋图》，所绘双体画舫，两条船身并列，艏有船亭，中间彩亭四个翼角飞翘，亭顶雕刻一条会龙，腾挪欲飞，横梁、甲板、亭柱、楼台等都装饰得富丽堂皇。船上重楼高阁，精雕细刻，极尽华美。隋炀帝所乘坐的龙舟可以称得上是雕饰最为精美的船舶，人称"凤阁龙楼"。该龙舟体势高大，计有4层，高45尺，长200尺，层有正殿、内殿、东西朝堂。楼宇全部用黄金或白玉镶嵌而成，光灿夺目。木柱雕刻或彩绘的彩龙不知其数，形态各异，这些船都"饰以丹粉，装以金碧珠翠，雕镂奇丽"。皇后乘坐的龙舟叫"翔螭"，装饰也极尽奢华。船队中有高3层，称为"浮景"的水殿9艘，还有称为漾彩、朱鸟、苍螭、白虎、玄武、飞羽、青凫、凌波、五楼、道场、黄蔑等各种名号的大船数千艘，皆是精雕细刻，极尽华美。北宋张择端所绘《金明池争标图》中的龙船，也可说是船舶雕饰的典范。该龙舟高大威猛，艏艉高翘，船身为龙形，龙头、龙尾造型逼真，栩栩如生。整个船体规模宏大，巍峨壮观，船体上层宫殿，雕梁画栋，采用了大量宫廷彩绘，装饰华美。

除木雕外，人们还经常用石雕作雕饰材料使其富有浓郁的民俗气息。由于船体材料的限制，石雕多限制在船的属具，如江苏、上海一带的"揽船石"。虽然只是一尺见方的石块，但雕刻亦非常精致，题材多样，有"葫芦宝剑"、"如意古瓶"、"牛角怪兽"、"连升三级"、"万事如意"、"寿桃"、"松鹤"等吉祥图案。雕刻手法有浮雕、透雕、阴刻等，无不充满着传统文化气息与江南水乡的情韵。

知识链接

船眼睛

船眼睛是一种特别的装饰部件，一般雕饰在船艏两侧，给船舶增加了

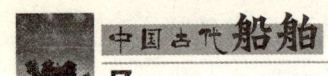

不少威猛与灵异之气，这在东南沿海一带的船舶上比较常见。船眼睛的由来，有四种说法。一说是明代郑和下西洋船队中的库船画有鱼眼睛。二说是鲁班在浙东造船时制作的。三说是玉环坎门的传说。一位渔姑救了海上神鱼并帮它擦眼泪而获得慧眼，后来她将这对慧眼镶嵌在自己船头两侧，船眼睛便具有了看清水中的鱼虾的特异能力。四说是称为"木龙"或"水龙"的舟山渔船设置了一对"龙眼"才能显示其威武气概。安装船眼睛，可以在船上画，但舟山地区的渔民喜欢用木头雕刻制作。安船眼睛，是一项古老而有趣的风俗，它包括"定彩"、"封眼"、"启眼"三个程序。当新船的船壳打好后，首先要举行一个颇为隆重的"定彩"仪式，请风水先生挑选吉日良辰，按金、木、水、火、土五行分别在钉船眼睛的银钉上拴系上五色丝线。船眼睛由樟木雕刻而成，呈半球形，眼珠微凸，中间漆成黑色，周围漆成白色，需要由船主亲自镶嵌在船头两侧。眼珠的视线也有讲究，一律朝下，远远望去，乌溜溜的眼珠正聚精会神地注视着海面。当船主将船眼钉好后，还要用一簇新的红布条或红纸将其覆盖，俗称"封眼"。当新船下海时，在锣鼓喧天、鞭炮齐鸣声中，船主要摆上供品，祭拜河伯，再亲自揭去红布，称为"启眼"。"启眼"仪式过后，新船上的这对眼睛就具有灵性了，恰似一对网睁的龙眼，探明鱼群暗礁，为渔民引航，震慑海域妖魔异怪，吓退海妖进犯，保丰收求太平。

随风飘舞的船旗

船旗俗称"定风旗"、"鳌鱼旗"。古代船舶的旗帜名称不一，五颜六色，形状多变，有四方旗、帅旗、旌旗等。船旗不仅可以美化船舶，而且可以强化船舶的独特氛围。在巨型战船上，兵甲森然，旗帜猎猎，可以更壮军威。如《史记》记载："治楼船，高十余丈，旗帜加其上，甚壮。"这样的楼船，即使兵士不多，但只要插满各色旗帜，任其在风中飘扬，都会给人以威慑、庄严之感。从文献来看，隋炀帝第一次巡游江都，动用船只5900多艘。按风水理论观

第七章 古代船舶文化

念，其护驾的 4 艘船舶分别为朱雀舫、白虎舫、青龙舫、玄武舫。中军、帅旗用长方形旗，幡多为白、黑、红三色。整个船队排成长长的队列，阵形整齐，旗帜如林，五彩纷呈，十分壮观。我国古代的端午节还经常举办赛龙舟的活动。在清澈的河水中，各色船舶分插上帅旗、龙旗、虎旗、三角旗等，指挥者令旗一下，桨楫齐动，水花四溅，十几

船旗

条或几十条龙舟在水中疾驰，形同游龙，沿岸百姓呐喊助威，声音此起彼伏，热闹非凡。船旗在水战阵法上也发挥过重要作用。据史料记载，明代抗倭名将行军布阵时就很注重应用船旗，先从主将到队长各级军官都有相互区别的令旗，且各类旗帜旗面、旗形各异，级别越高旗的尺寸越大，旗帜悬挂得也越高。五方旗的朱雀旗、玄武旗、青龙旗、白虎旗，按前后左右次序排列，重要的中军旗采用腾蛇旗。另外还设五方神旗，东方温元帅，西方马元帅，南方关元帅，北方赵元帅，中央王灵官，五方各配一面尾（幡），称为"五方高照"。黄旗为中营中军所用，旗的主色调又分五种，即前红、左蓝、右白、后黑和中黄。整个船旗阵法灵活多变，旗帜各异，色彩缤纷，十分威严。

　　直到今天，我国一些地区还有插船旗的习俗。如在福建一带，便有"举鬃悬旗"的习俗。为了奖励渔民多捕鱼，每年冬春汛散海（歇季）后，渔民都要根据捕鱼产量的高低授予红色三角形的"蜈蚣旗"。旗帜上波浪形镶边的颜色是区别名次的主要标志，镶黄边为头名，镶绿边为第二名，镶白边或蓝边为第 1 名。旗帜上还配有同镶边一样颜色的长丝绦。把获奖的旗帜插在船头上，福建方青称为"举鬃"。获奖名额根据人数而定，最多可评定 15 名。第一名被称为"头鬃"，第二名被称为"二鬃"，第三名被称为"三鬃"，以此类推。等这些旗帜都悬挂于船舶上，旗帜飘飞，获奖渔民兴高采烈，这样一种习俗称为"举鬃悬旗"。在浙江坎门，还有一种在桅顶上飘飞的风向旗，被当地人称为"鸦旗"。该旗长约 1 米，前半部分为木雕凤凰头，后半部分为红布，用竹篾连接两部分预报天气并用铁棒贯穿凤头于桅杆上。"鸦旗"的称谓源自当地的一个有关乌鸦知恩图报的传说，渔民认为乌鸦心肠好，具有提前预报凶兆的能力，故而被渔民奉为神灵，后来从艺术审美考虑，把桅顶乌鸦头改为了凤凰头。舟山地区，在船尾都装有船旗杆，供升旗所用。每艘船

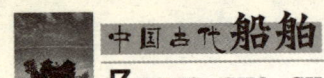

舶一般都备有一面四方形彩旗，旗帜上一般绣龙，旗上常写有"顺风得利"、"四海平安"等吉利的彩头。旗帜材料一般为布料和绸缎。在特殊的日子，如鱼汛"开洋"前或"谢洋"后，渔民一般都要去普陀寺或附近寺庙，求得一面印有"佛"字的杏黄旗，虔诚地悬挂于船尾旗杆上。这种习俗表达了民众祈求佛祖保佑渔民海上平安，捕鱼顺利的良好心愿。

独具文化意味的船联

蕴涵着深厚文化因素的船联，是我国独有的一种文化表达形式，寄托着人们对生活的美好祝愿和企盼吉祥平安的心愿。与陆上人家门口贴对联一样，在我国广大水域地区，人们喜欢在造船或节庆日于船舶上贴大红对联，如江苏一带的船民，在新船下水时常在船头、舱门、桅杆、船尾等处贴大红坶联，常见对联有：

船头：顺风无浪平安程，舵后生风送万里。
舱门：身卧舱中向风浪，如意答道定太平。
桅杆：头顶黄雀抱桅板，身背纤板为正名。
船尾：九曲三湾随舵转，五湖四海任舟行。

福建一带的渔民，把船当做行走的家，逢年过节尤其是春节期间，都会在船舶的各个部位贴上大红对联，常见对联有：

船头：船头压浪，龙头生金角，虎口喷银牙。
舱门：万军之帅，船到鱼起，舵后生风。
船舷：九曲三江水，一网两船鱼。
船尾：玉橹摇进千里月，锦帆高挂一杆风，是非曲直风得利。
大桅杆：大将军八面威风。
二桅杆：二将军开路先锋。
三桅杆：三将军开风挂角。

浙江杭州湾桐江地区，旧时的船民有在船舶上贴春联以庆贺春节的习俗。除夕前一天，船民把船舶从内到外，前前后后，上上下下，全部打扫洗刷干净，随后张贴船联，常见对联有：

舱门：生意兴隆遍四海，财源茂盛达三江。
舱内：故意贴一个倒"福"字，表示"福到了"。
顺风梁：顺风大吉。

桅杆：大将军八面威风。
艏艌：贴红绿纸剪成的"长年纸"，象征万事如意。
船头、船艄：放贴红纸的青柴，尊称"青龙吉庆"。
有些船联结合水域特色或船舶部件的特色，措辞别具一格、志趣盎然，令人久久难以忘怀。如福建晋江有些船民的船舶对联：
头桅：一见大吉。
主桅：八面威风。
船舵：万军主帅。
龟壳（舵房）：满载而归。
帆顶：锦帆捷至。
前舱冲浪板：木龙光彩。
船艏：龙头生金角，虎口发银牙。
右波门：九曲三江随舵转，五湖四海任舟行。
左波门：顺风顺水顺人意，得财得利得天时。

作为我国的一种传说船舶类型，龙舟船形如龙，颇具特色。龙舟竞渡源自怀念屈原、伍子胥、曹娥、介子推等，说法不一，但不管怀念何人，在端午节赛龙舟的这一习俗却得以传承下来，成为中国传统文化的一个亮点。在湘、鄂古楚之地，古今凭吊屈原的龙船联很有意味：

古龙船联：龙舟竞渡不忘楚风余韵，诗台抒怀更忆圣哲先贤。
近龙船联：龙舟竞渡凭吊屈子怀石恨，赤县雄飞喜谱今朝爱国篇。

还有专门张贴在旅游胜地的船舶上的船联，和周围景致相映成趣，别有风味。如扬州名园寄啸山庄主楼东部的船亭，把月、花、船、客等意向连接起来，表达了一种唯美而清新的意境，楹联为：

月作主人梅花客，花为四壁船为家。

北京颐和园的石舫，有个十分优雅的称谓——清晏舫。这个风光秀丽、独特别致的景点，用人工精心设计的景观营造一种精致、清丽的美，令游人置身其中而不能自拔。而石舫上的三副船联，文字秀雅，胸怀宽广，亦为景点增色不少，三舫联分别为：

川岩独钟秀，天地不言工。
闲云归岫连峰暗，飞瀑垂空漱石惊。
山川映发，使人应接不暇；身所履历，自欣此地奇观。

船票与货单

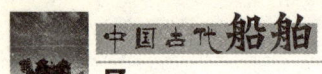

1. 古时乘客乘舟所用的客票

清光绪三十一年（1905年），湖南沅江窦安敦创始玩江洞庭义渡局，既渡运又救生。义渡局渡票分为"船票"、"恩票"两种，均以票渡人。其中恩票并不收货，是专门给赤贫者使用的。船票为其他客船票价的一半，票上印有"救生义渡，事关公益，大家买票，和衷共济"汉字。清光绪三十四年（1908年），宁波人虞洽卿筹集资金，开办了"宁绍商轮公司"，购置"宁绍轮"、"甫兴轮"，于宣统元年（1909年）八月经营申（上海）甫（宁波）海上客运航线，给旅客带来便捷。当时乘坐申甫客轮的统舱，每位乘客大洋5角，凭票乘船入舱。

民国船票

2. 古时船舶的航运证件

据陈裕著译著《蒲寿庚考》说："宋朝时海船，按日本桑原骘藏所考，经营船舶由市舶司给予公凭，这种公凭叫做朱记，上载纲首、副纲首的姓名、乘客的人数、船的大小和构造。"这里所说的"朱记"与如今的航运簿相似。朱记就是宋代的船票，是船舶的证件。清乾隆年间（1736—1795年），航行的船票称照票。货船、客舟、渡船均有照票，由当地官府登记发给，以照票为证件，允许船民经营。福建省泉州南安石井镇老渡工郑朝君（1988年时为80岁），他所保存先祖郑逞世的照票为清乾隆五十年（1785年）5月23日发给的，由保人澳甲郑志世盖印所保，编号为"石井澳安字第捌号"。照票内容为船户舵水姓名、人数、梁头夹尺、烙编字号、船户岁数及面貌等。清嘉庆初年，江宁（今南京）知府因长江两岸渡船超载，水上事故频繁，整顿渡船（救生船），批示条规，颁发护照。这种护照是行船的船票，由救生局颁发和管理。太平天国建都南京,设"天海关",分为"中、头、下"三关,对船舶签发船牌,由各关水师负责发放与监督检查。这种船牌带有军事管制性质,天京(今南京)被海军攻陷后,这种船牌的作用自然也就消失了。

3. 水运井盐时所用船票

这种传票相当于现在的运货单。四川自贡产井盐历史悠久,在东汉章帝时(公元76—88年)凿井制盐。唐宋时用船运盐占70%左右。清朝时水运井盐繁忙如梭,东至湖北,西达四川,南至云贵,北上陕西。清光绪年间(1875–1908年)四川盐务管理部门为了集中运贡盐,组织船户推选会首,发给船票运盐,以船票为证件,接受官方部门验收。江苏的淮盐通过水上运输,手续规范严格。清政府规定:盐船出场后,先由各场差役催赶至指定地点停靠,盐船不能随意在码头停靠,严禁小舟依傍盐船,以防内外勾结的窃盐行为。一般来讲,10公里为一塘,每塘有巡役2名、巡船2艘、水手4人加以监督,由江苏泰州坝盐官统辖。盐船至泰州坝,坝官检查盐船照单(又名皮票、船票),检查内容有运盐总数量、发场与过坝、过桥的日期。检查后由泰坝盐监掣官将盐引抽称过坝,在照单上写上日期,盖上大印。盐船过桥时,必须逐船抽引掣验,各给过桥一枚,以作为验收过桥的凭证。盐船到达终点,停泊于天池木关(江苏仪征)外,监掣官上船核查数量无误后,将桥旗、照单收齐后,另开商民、引数清单汇缴盐院。这种照票同当今货运单的功能相似,因官府严禁私运淮盐,故手续如此严格。

4. 古时运货合同协议书

从清代直到民国时期,客商招雇船舶运货,甲乙双方立据为凭,并请中保人担保。客商要求运程、时间、运价、交货手续等内容,双方同意画押为凭,以票为据进行结算银两(运费)。在江浙一带据船票由客商先付运费20%~30%,由保人中介承担双方画押为凭,到达目的地后船方交货无误,收货方再付运费的差额。具体内容在船票上写得十分清楚,一般来讲交货无误、时间无误的情况下,收货方会按船票付款。这种画押为据的船票,在湖南省境内称为"写船",船运价格按章计价。清光绪三十四年(1908年),长沙港刊列公订短水价目表,客船与船户签订"写船"均以此价格为依据。

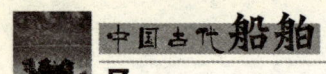

总而言之，在历史的变迁中，船票的称呼与作用并不相同。船票的产生是规范管理水上作业的雏形，为今后的航运规章管理打下了基础。

船业行话

行话指社会上的一些集团、群体，由于工作上、活动上或其他目的上的共同性，在相互之间交往交流时，会创造、使用一些不同于其他社会群体的词汇、用语或符号。船民或船帮之间独有的隐语暗话就是船业行话。

1. 湖南船业行话

过去，湖南的船业行话也多和禁忌有关，俗称"封"。忌讳说龙、虎、滚、倒、翻、承之类的词汇。船民如有姓龙的，要称呼为"佘（蛇）"，姓陈（与沉同音）的要改称为"浮"；麻阳的船民把姓藤的改为姓"金"；翻身叫"转身"，滚动要称"开动"，滚水则称"开水"，腐乳叫"猫乳"，水豆腐称"水片子"；资水船民忌讳烂、眼等字，故而桅杆上的风明眼改叫"明风"，船舵上的舵把眼改称"聪风"，登桅穿索的金明眼则称"金风"等。

2. 重庆水上行话

坐落于长江上游南岸的重庆江津市，凭借长江之便捷，商贾往来，货物畅运，水运历史悠久。在驾舟过程中，那些代代相传的生产与生活口语，便形成了水上行话。航行逆水而上，为鼓励士气，统一协调，船上鸣鼓，这种行为叫"打宽"。在行舟中，如遇大风将桅杆上天高刮下，桅杆上纤藤随天高落入船舱或江上，这时的行话叫"滑杆"。川舟上水都靠纤工背纤，背纤向前要统一步调，若有纤工不合步调，甚至乱跳，按行话叫"蹦龙"。在逆水行舟中，船员撑篙不慎，被篙杆挑下河去，谓"关公挑袍"。因逆水中行舟，导致船舶触滩而下沉，船员高呼"王爷升天"。在航行中，遇洪水、大风、大雾，他们的行话亦很有趣：遇特大洪水，船抛锚停航叫"扎水"；遇大风，船舶无法航行叫"扎风"；遇大雾，船无法前进称"扎雾"。夏天时，船工脱了上衣，裸露上部劲力板挠，呼"半节红"。这同船员上半身长期经日照、风吹、雨打有关系，胸部与背脊皮肤为紫红色。船主发给船员薪水，叫"生钱"，这样的叫法认为"吉利有图"。船主雇用船工后解聘某一船工，行话称"撵厂"。还有"打扇"的行话也很生动，"打扇"是指逆水行舟时，槽工拼力摇槽，浑身出汗，喊号子者用大斗笠给橹工打扇，显示船工互相关心。

3. 贵州水上行话

有"天险"之称的乌江滩多水急、落差颇大。川黔交界的龚滩，系清乾隆五十年（1785年）山崩而成，长达2.5公里，成为乌江"险中之险"。新中国成立前，乌江上仅有防浪的"歪屁股"厚板木船航行。且单船不能独行，必须要集中数艘船工，攀登悬崖陡壁，用纤藤把一只只"歪屁股"拉过龚滩，行话称"换棕"。

4. 山东船业行话

胶东的渔民，祖祖辈辈在海上劳作，他们创造了一套独特而富有韵味的渔业行话。比如，你到船上玩，正赶上他们包饺子。饺子在锅里下好了，大师傅会喊："快拿盆、碗来，捎稳捞吧！""捎"是"趁"的意思。此话意为：饺子熟了，趁着风平浪静（稳和）捞鱼吧；渔民们豪爽，在煮鱼时碰到有人经过，都会说："捎热快点儿逮！"或"快逮饭吧！"这儿的"逮"就是"吃"的同义语；渔民把刚出锅的鱼头是要留给船长的，这叫"头一份儿"；船上装东西，完了说"满了"，卸完东西同样说"满了"或"好了"；大斧叫"带福"，劈开称"解开"，漂称"浮"，放桅称"请桅"等，非常有趣。

5. 福建船业行话

位于我国沿海地区的福建，水域面积十分辽阔，船工们在与江河或海洋打交道中创造了丰富的船业行话。如福建建德市，有一种供吃喝玩乐的妓船—菱白船。船舶装饰华美，设备齐全，人们往往用十二生肖来称呼船舶的某个构件。

马：在桅杆滑轮两侧的铁板，酷似马面，起保护滑轮的作用。
羊：木制形如羊角，钉于头桅中间，供拉帆绳结之用。
猴：木制形如猴手，位于风帆后面，供扣风帆用。
鸡：木制件，俗名"鸡爪"，钉在舵板前。
狗：在帆索上固定滑轮出，俗称"狗头"。

猪：船头置舱，俗称"猪头舱"，亦称"串头"。
鼠：在头篷下腿中间吊一根短绳，俗名"老鼠尾巴"。
牛：乳牛屁股夹持舵蚌旋转，旨在保卫舵柱。
虎：桅杆两侧的两块木头，俗名"虎案口"，起保护桅杆的作用。
兔：在船旁钉两个形似兔耳的铁箍供扣绳用。
龙：船舷装饰龙头，头有龙牙，在起锚时供固定锚缆用。
蛇：盘锚绳之盘车的属具，里锚用插销，外锚头子俗称"水蛇头"。

漕运谣谚

老北京有一句谚语称"北京城是从河上漂来的"，意思是说，建筑北京的各种材料都是从河上运来的。还有一层意思是说北京的粮食供应，特别是皇宫及各级官僚的粮食供应都是通过大运河运进北京的，可见当时北京对于漕运的依赖之深。

漕运不仅对北京，对大运河的沿岸城市也产生了重要影响，可以说，漕运是大运河沿岸经济发展的命脉。漕运终点在通州，当时通州呈现桅墙林立、万船朝宗的壮景。时人吟唱竹枝词：

广拓水释万艘屯，漫卷舟帆桅楢存。
东装西卸转输紧，南纳北收漕务纷。
终日无休人语喧，彻夜不绝粮帮临。
夕阳小船能沽酒，三江风景到通门。

三岔河口，曾是南北漕运的中转枢纽，当时亦有歌谣："三岔口停船口，南北运河海河口，货船拉着盐粮来，货船拉着金银走，九河下梢天津卫，风水都在船上头。"真实地描绘了三岔河口漕运的繁忙景象。

当然，漕运水手和船夫们的艰辛劳动是大运河沿岸繁荣的根本动力。他们常年在外，辗转在运河沿岸，无法生根，身如飘絮，且生活贫困，劳作危险，往往会有生命之虞，故而过去在运河沿岸的船夫、水手们之中，曾经流传着一首悲伤情调的民谣："运河水，万里长，千船万船运皇粮；漕米堆满舱，遭夫饿断肠；有姑娘谁也不嫁摇船郎……"

漕运水手、船夫们在长期的水上生涯中，积累了大量关于大渡河沿岸潮汐、气象等方面的经验，他们用朗朗上口的歌谣来传播这些经验，以便同行们从中得到一些借鉴，方便日常生活、生产。

第七章 古代船舶文化

渔歌与船歌

渔歌是民歌的一种，沿海地区以及湖泊港湾渔民所唱。如流行于广东海丰和陆丰的，统称为海陆丰渔歌。分深海、浅海两类。前者是深海作业渔民所唱，近似咸水歌；后者是海边渔家妇女所唱。通常主要指浅海渔歌。船工所唱的歌曲。

知识链接

乌苏里船歌

在作为中俄两国界河的乌苏里江沿岸，位于中国境内的赫哲族人就是一个能歌善舞的少数民族，他们勤劳、质朴、热爱家乡，渔民依赖乌苏里江而生活，他们对幸福生活充满着感恩，常常用歌声来表达自己对美丽的家乡、对幸福的生活的无限的爱。如有名的《乌苏里江船歌》：

啊朗赫赫呢哪，啊朗赫赫呢哪，啊朗赫赫呢哪，赫雷赫赫呢哪，啊朗赫赫呢哪赫雷给根，乌苏里江（来）长又长，蓝蓝的江水起波浪。

赫哲人撒开千张网，船儿满江鱼满舱。

啊朗赫拉赫呢哪，啊朗赫啦哪，啊朗赫呢哪赫雷赫呢哪，白云飘过大顶子山，金色的阳光照船帆。

紧摇桨（来）掌稳舵，双手赢得丰收年。

啊朗赫拉赫呢哪，啊朗赫啦哪，啊朗赫呢哪赫雷赫呢哪，乌苏里江人儿笑，笑开了满山红杜鹃，赫哲人走上幸福路，人民的江山万万年。

啊朗赫赫呢哪，啊朗赫呢哪，啊朗赫呢哪赫雷赫呢哪，啊朗赫呢哪赫雷赫给根。

乌苏里江游船

第二节
龙舟文化

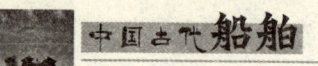

在我国，龙舟竞渡有着十分悠久的历史，是深受广大人民群众喜爱和具有深厚民族特色的一项传统体育活动，特别是龙舟竞渡与纪念我国古代伟大的爱国诗人屈原结合起来，使它不仅具有民族性、群众性、竞技性和观赏性的特点，而且还有锻炼身体和增强体质的作用，还可以培养人们激流勇进的精神和拼搏向前的勇气。

我国悠久的龙舟历史

龙舟竞渡活动的发展与社会的发展息息相关。在远古时期，住在江河湖泊沿岸的先民多用独木舟作为交通工具，从事渔猎和探亲访友。后来在独木舟的船头船尾加上龙的形象，从而产生了龙舟。战国时期，人们把纪念屈原活动与龙舟竞渡结合在一起，每年农历五月初五的端午节便成为龙舟竞渡的节日。唐宋时期，我国长江以南的很多地区都有不同形式的龙舟竞渡。民国期间，随着现代体育运动的引进，龙舟竞渡逐渐过渡为体育运动。各城镇乡村组织龙舟竞渡，采用了近代体育比赛的淘汰制。

新中国成立后，党和政府大力倡导开展各项民间体育活动，龙舟竞渡一年比一年热闹，竞渡规模也越来越大，参加竞渡的龙舟亦越来越多。但好景不长，在"文化大革命"期间，把龙舟划为"四旧"，不允许再有龙舟活动。中共十一届三中全会后，我国实行改革开放政策，随着生产力的不断发展，人们生活水平不断提高，人们对体育活动的需求不断增加，龙舟竞渡很快得到了恢复和发展。1984年国家体委决定在广东佛山举行首次全国龙舟比赛——第一届"屈原杯"龙舟赛。参赛队伍来自长江以南各省,比赛使用统一龙舟,统一规则,赛道规范,预赛和决赛采用计时(取代传统的夺标)分胜负。

1985年6月,我国成立了中国龙舟协会,这既是对民族传统项目的继承,又是改革开放后开创体育竞技项目新局面的创新。从此,龙舟竞渡这个古老的活动项目结束了"群龙无首"的局面,有了全国统一组织,有了全国统一的比赛规则和比赛器材,产生了全国的冠军队伍。1985年7月,第二届"屈原杯"龙舟赛在湖北宜昌举行,并首次设立女子项目,对破除封建迷信等旧传统观念有着特殊意义,大大推动了我国龙舟运动的发展。1990年后,中国龙舟运动的影响扩展到了海外,东南亚国家也开始开展龙舟活动。现在欧洲、美洲、澳大利亚等国家和地区都开展着龙舟运动。1991年成立了世界龙舟联合会,每两年举行一届世界龙舟锦标赛,并把竞赛用的龙舟统一为20人的国际标准龙舟(短龙)。在历届世界龙舟锦标赛中,我国都有派出队伍参加并多次夺冠,为推动龙舟运动走向世界作出了应有的贡献。

龙舟的起源

提起龙舟来,人们自然就会想起纪念屈原。事实上,龙舟作为一种文化,它的出现比屈原所处的年代要早得多。

据《河姆渡遗址第一期发掘报告》称,早在7000年前,远古先民已用独木刳成木舟,并加上木桨划舟。《淮南子·齐俗训》中有"胡人便于马,越人便于舟"的记载。在我国古代,南方地区水网密布,这里的人们常以舟代步,以舟为生产工具和交通工具。人们在捕捉鱼虾的劳作中,攀比渔获的多寡,休闲时又相约划船竞速,寓娱乐于劳动、生产及闲暇中,这是远古时竞渡的雏形。

据专家考证,在产稻米和多河港地区是进行龙舟竞渡的先决条件,这正是我国南方地区的特色。在古代典籍有关龙舟起源的记载中,最早是出现在东汉。事实上,我国南方吴越一带直到东汉时才开发。据此可以推测,端午的习俗最初可能只在长江下游吴越民族中流行,后来吴越文化逐渐和中原文化交流融合,这种习俗才传到了长江上游和北方地区。

近年又盛传龙船源于湖南西北部沅陵之说。在反映中华龙舟文化的博大精深和沅陵龙船历史渊源的《沅陵千年龙船》一书里,收编了104篇作家、学者对沅陵龙船的精辟论述。这些文章科学、系统地论证了沅陵传统龙舟的

中国古代船舶
ZHONG GUO GU DAI CHUAN BO

赛龙舟

起源,记录了沅陵龙舟活动的参赛规模、船建等情况。据记载,早在屈原之前,沅陵就有了龙舟。沅陵龙船发源于远古,祭祀的对象是五溪各族共同的始祖盘瓠。盘瓠曾落户沅陵半溪石穴,生下6儿6女,儿女互相婚配,繁衍为苗、瑶、侗、土、畲、黎6个民族。盘瓠死后,六族人宴巫请神,为其招魂。因沅陵山多林密,巫师不知他魂在何处,就让各族人打造一条龙船,逐溪逐河寻找呼喊,后来的划船招魂的祭巫活动就是由此演变而来的。沅陵龙舟起源于5000年前,所以比纪念屈原的说法要早3000多年。

沅陵近年发现了1200多座战国至西汉时期的古墓群以及10万平方米的旧城址,被证明该县是楚置黔中郡治所及传说中的"夜郎国"所在地,是中国传统龙舟的故乡,其传统龙舟已形成博大精深的龙舟文化。世界文化遗产专家组专家邓微说:"沅陵传统龙舟十分具有代表性,它拥有历史最悠久、参赛规模最大、运动员最多、观众最多共4项世界之最,将填补世界遗产项目空白。"

源远流长的龙舟运动

龙是中国人民创造的图腾,是中华民族的骄傲和象征。龙舟竞渡在我国已有数千年历史。在我国有关文献史料中，最早记载龙舟的是《穆天子传》。它记载了在周穆王时（公元前1001年—公元前947年）已有龙舟出现，比著名爱国诗人屈原投汨罗江的时间要早600多年。因为春秋战国时人们传说水中有龙，住在海底的水晶宫中，如果人们在航行时遇到风浪，就以为是龙在水中作怪，于是人们就在船身上画上龙鳞，再添上龙首和龙尾，以为这样下水的"龙"就不会同室操戈了，这便是龙舟的由来。周穆王时的龙舟主要用于欣赏，并非用于比赛，据《记纂渊海》所引《岁时记》载："越地传云竞渡起于越王勾践"。西汉《越绝书》和《越地传》也说越王勾践为了要报吴王夫差灭国之仇，带领国民借嬉水竞舟为名操演水师，暗练水战。而东汉的《曹娥碑》和《吴越春秋》载，吴国大将伍子胥因遭奸臣诽谤被吴王夫差所杀，尸首被装入皮袋投入钱塘江后，随波逐流而不沉没。当地百姓认为伍子胥显灵，以后每年五月初五，当钱塘江口江潮翻滚之时，人们就驾舟逐潮，希望能重见伍子胥之灵。还有人认为龙舟是为纪念介子推而出现的，"扬川八怪"之一罗两峰有《钟馗骑驴图》题诗："只闻凭吊介子推，竞渡还因屈子哀。此处无人同此日，为多禁忌请公来。"

　　在近代著名爱国学者闻一多先生的《端午考》和《端午节的历史教育》等书中，穷搜古籍，列出101条有关记载，说明"端午节本来是吴越民族举行图腾祭祀的节日，而赛龙舟便是祭祀中半宗教、半娱乐性的节目"。四五千年前，居住在原始社会的水乡部落的人民，常受到蛇虫、疾病的侵害和水患的威胁，为了抵御这些威胁，他们尊奉想像中具有威力的龙作为自己的祖先兼保护神（即图腾），并把船造成龙形和甌上龙纹，每年端午节举行竞渡，以表示对龙的尊敬，也说明自己是龙的子孙。后来，屈原的忌日恰巧与这个日子重合，于是这些习俗才巧妙地转化为纪念屈原的传统方式。闻一多先生的这种说法已经被学术界所普遍接受和征引。

　　赛龙舟活动一般是在端午节进行的，但也有在其他时间进行的，隋代杜台卿编写的《玉烛宝典》中记载，古代龙舟竞渡是在夏至举行的。五代时，郭阳县令萧经曾上书云："秋开五叶，蚕长三眠。人皆忙迫，谁敢渡船。"可见当时曾有暮春时节赛龙舟的动议或活动。浙江省划龙舟历史上也不在端午，而在中秋节的第二天——农历八月十六日，同时还举行盛大的庙会。安徽省年会在端午节和立秋分别举行一次赛龙舟活动。云南省傣族赛龙舟则在每年的泼水节期间，《旧唐书·杜亚传》载："江南风俗，春中有竞渡之戏"。而

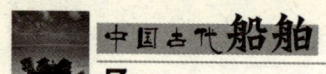

《旧唐书·穆宗纪》则载"九月观竞渡"。宋朝词人张先的"龙头舴艋吴儿竞"讲的则是寒食和清明时节的景色，可见当时是一年三季（除冬天）均有龙舟竞渡活动。

赛龙舟的演变

远古时期，民间常有一些以竞渡为主的划船活动，当时的赛龙舟主要目的是祛病、消灾、祭祀和纪念。秦汉魏晋以后，赛龙舟开始与端午节习俗相联系，后来吴越文化逐渐和中原文化对流，这种习俗才传到长江上游与中国北方，成为端午节的一项主要活动。

据有关史料记载，赛龙舟汉朝时期只是在湖南、湖北地区流行，唐朝时期赛龙舟活动发展最为活跃，后经唐宋两朝官府的提倡，才在全国范围内成了一个民间的节日活动。大约从这一时期开始，各地的赛龙舟时间也逐渐统一，于每年的端午节即五月初五前后举行，赛龙舟成为江南农村端午节活动的重要内容之一。

祛病保健是早期进行赛龙舟的主要目的。唐朝之前，出现"抢尸"和"招魂"，是为了表达纪念意义，并无"夺标"之规定。赛龙舟由最初的"龙祭"发展为纪念屈原是由于中国封建政权出于推广文化影响力的需要，到了唐代竞渡则成了一项独具特色而又极为隆重的竞赛活动。赛龙舟由祛病、纪念活动转变成竞赛，其目的在于争夺第一名——斗舸，竞渡的程序和规则也趋向严密和完整。为了裁定名次，组织者在比赛的终点设置一个"标"。"标"既是比赛终点的标志，又是优胜者的奖品，夺得"标"者便是冠军。最初的"标"有"鱼标"、"鸭标"、"铁标"等多种形式。"鱼标"投入水中即刻游走，"铁标"则直沉水底，如果没有出色的游泳和潜水本领，要想"夺标"绝非易事。后来人们在水面的终点插上一根长竿，竿头上缠锦挂彩，鲜艳夺目，价值不菲，时称之"锦彩"、"彩标"，亦名"锦标"。竞渡领先船只，以首先夺取"锦标"者为胜，故这一竞赛又称为"夺标"。"标"后来成了冠军的代名词，现代体育比赛中"锦标赛"就由此而得名，其意义代表体育比赛的最高水平和取胜者的荣誉。

唐代典籍中有许多关于"夺标"的描述和记载——张说《岳州观竞渡》："鼓发南湖槎，标争西驿楼"；白居易《和春深》："齐桡争渡处，一匹锦标斜";元稹《竞舟》:"建标明取舍,胜负死生求";储光羲《观竞渡》:"标随绿云动,船逆清波来";五代花蕊夫人《官词》:"第一锦标谁夺得,右军输却小龙船"。诗人刘禹锡的《竞渡曲》和张建封的《竞渡歌》也生动地记载和反映了当时赛龙舟的热烈场面。

宋代直至明代时期,夺标一直是竞渡的法定规则。宋元时期的竞渡之风愈盛,不但民间组织,官方也大力提倡,民间的端午竞渡十分活跃。当时,各郡、县、村社每年都组织赛龙舟活动,一到端午,官府即赏赐竞渡组织者以绸缎、银饷。各朝帝王也鼓励军中划船竞渡以强大水军。宋朝黄公绍在《端午竞渡摆歌十首》中,为我们勾画了一幅生动的龙舟比赛图:"看龙舟,看龙舟,西堤未计水悠悠。一片笙歌催啼晚,忽然鼓摆起中流。"明清时期,每年的赛龙舟比赛活动仍以南方水乡为盛。与此同时,明清的宫廷也仿效这一习俗在西苑搞龙舟赛。明代万历年间,宫中太豁刘若愚在他所著的《明宫史》中曾记载有五月端午日,皇帝临西苑,参加"斗龙舟、划船"活动等情形。"中流九龙舟,谁肯相参差"的诗句,就是清高宗在观看西苑赛龙舟之后留下了"中流九龙舟,谁肯相参差"的著名咏唱。

发源于中华民族的龙舟竞渡活动,作为一种古老文化,不仅有着丰富的社会内容,而且还有着丰富多彩的表现形式,其规模之大、人数之众、气势之恢弘,在传统的体育项目中表现尤为突出。通过历代王朝的普及传播,陆续传入韩国、日本和朝鲜及东南亚各国,并逐渐在当地形成历史悠久的民间传统习俗。

赛龙舟的分类和用途

1. 龙舟的分类

龙舟,与普通船只不同,它有长有短,桡手的人数也各不相同。竞渡龙舟要求便利、轻快、易划,所以狭窄而细长。船头饰龙头,船尾饰龙尾。一般以木雕成,加以彩绘(也有用纸扎、纱扎的)。龙尾多用整木雕,上刻鳞甲。船体呈梭形,两头窄,中间宽,普遍是两人一排同时划桨,所以各地方的比赛龙舟外形大致相同,只是船体的长度差别较大,船体长,桡手多,最长的龙舟可达50多米,可以供上百个桡手乘坐;短的龙舟约10米,坐十余人。各地方比赛桡手人数并不统一,有的地方有严格规定,每年参赛桡手人数不能多也不能少;有的地方桡手可多可少,但船上舵手、鼓手、锣手均各一人。目前国家体委规定,竞渡龙舟,长为13米,宽1.35米,深0.4米。划手20人,舵手、鼓手、锣手各一人,共23人。传统龙舟是根据龙的造型,结合舟的特点制造而成。龙舟主要有以下几种:

(1) 赛舟。

又称快舟,是专门用来比赛、竞渡的龙舟。根据舟船雕刻、彩绘的形貌分为:龙舟、凤舟、象牙舟、龟舟、虎头舟、狗头舟、牛头舟、天鹅舟、蛇舟等。这些龙舟,虽然船身绘画了不同动物的外形图案,但是约定俗成,都统称为龙舟。根据各地方龙舟绘制的色彩,绘画的风格、手法不同,赛舟又可分为:青龙、乌龙、菜花龙、黄龙、五彩龙、飞龙等,对龙舟的称谓各地也存在一些差异;根据赛舟的船体大小和外形构造分为大龙舟、双体龙舟、独木舟等。

(2) 花舟。

也称戏舟、彩舟、造型龙舟,这类龙舟往往外形宽大,不参与比赛,只停

龙船

泊在江面上以供人观赏是这类龙舟的特点。这类舟船头、船艄也分别安装龙头龙尾，船的两舷彩绘龙鳞，船舱中建花轿式亭台阁楼，阁楼一般有上下两层，每层楼台装潢成五颜六色，十分考究。船体周身或插花，或插旗，或挂锦缎，或装裱对联文字，或装饰各种艺术造型，仿若选美一般争奇斗艳，有的花舟还用于草台戏班的戏耍表演。清末与民国时期，在由袍哥公口和行帮公会联合组织的端午节日活动中，常以三四只货船串联在一起，用松柏、树枝、花束、绸缎、布匹绑扎装饰成彩龙船游浮于江。船前有龙头，后有龙尾，船上有歌有舞，鼓乐齐鸣。各种人物故事造型扎在中间主船之上，可谓声色皆全，动静具备。

（3）游舟。

也称看船，赏船。这类船只是皇亲国戚、豪富商绅、官僚弟子制作或者雇用来观赏美景、品茗听戏、逛江游玩的画舫游船。如《淮南子·本经训》："龙舟鹢首，浮吹以娱"——划着龙船在水上奏乐、游玩；《梦粱录》中记载南宋杭州"龙舟六只，戏于湖中"——有6只龙舟在湖中游戏；《东京梦华录》卷七，记北宋皇帝，于临水殿看金明池内赛龙舟之俗。其中有彩船、乐船、小船、画舫、小龙船、虎头船等供观赏、奏乐，还有长40丈的大龙船。其外观豪华考究，龙饰雕刻一应俱全，船上搭凉棚、摆仙桌，挂珠帘绸彩。人们喜欢端午节时在游舟上聚饮，或划拳行令，吟诗作赋，或邀票友轮唱互赏。竞渡时，在游船上近景观赏，灵活、方便、自在。旧时赛龙舟现场的游舟，往往要比竞渡舟多。道光年间《白雪遗音》岔曲唱道："浮瓜沉李，水阁凉亭，阵阵荷风划龙舟。夺桥竞彩相争胜，锣鼓叮咚采莲歌，悠悠扬扬真好听，燕语莺声。"即是这种风俗的反映。

2. 龙舟的派生

（1）赛龙艇。

又称赛龙标，尖头燕尾式样，又叫"燕尾艇"，舟长约3丈（9米）。比较具有代表性的赛龙艇当数广东清远龙标，它是一种当地特有的短形龙舟，龙艇不如龙舟长，具体的长度、宽度和划手人数都有规定，一般是3~5人的划艇。龙艇短小轻盈，速度快，最适合江河、池塘、山溪竞渡，传统赛龙艇，不分男女，不计时间，坚持到最后者得胜，一般采用两小时追逐计圈的方式决定名次。最令参赛选手荣耀的奖品莫过于被称作"高标浪伞"的花布伞和特长的花布旗了，凯旋后，队员将旗矗立在自家门前，算是无限荣耀。

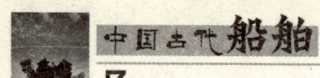

(2) 扒泥船。

早年扒泥船在整个珠三角地区都有,泥船比龙艇大,载重量可达 5～8 吨。用扒泥船进行比赛,是对体力和耐力的双重考验。

(3) 扒禾桶。

湖南省汨罗市新塘乡居民,因附近没有江河,便在大塘和水库内举行竞渡。没有龙舟和船只,便以扮禾的扮桶代替,以长木板当桡桨,于端午日作赛,常吸引群众捧腹驻足观看。禾桶是打禾机出现之前收割水稻用的一种农具,上大下略小,放至水中可容一至两人而不沉,若重心不稳失去平衡则易进水而倾覆。由于禾桶是圆形平底的,所以它的方向感和稳定性都十分不好。能扒禾桶的人要机灵、敏捷、平衡感强,划行时左摇右摆,欲沉未沉,划行速度很慢且危机四伏,滑稽搞笑,观者无不开怀。

传统赛龙舟活动

传统的赛龙舟是指按传统习惯进行的,与现代体育比赛不同的竞渡方式,排除作为体育活动组织比赛的竞渡。传统的竞渡形式,从许多古文献和地方志的记载看,似乎赛龙舟就是进行速度比赛,夺标较胜。其实,这仅仅是赛龙舟活动中比较激烈、引人入胜、具有代表性的场面。除此之外,赛龙舟还有龙舟游乡、龙舟集会、自由竞渡、有组织的竞渡等其他传统比赛形式。

1. 龙舟游乡

在赛龙舟中,龙舟游乡是一种不怎么引人注目的活动。一般是在赛龙舟期间划着龙舟到熟悉的或者有亲戚关系的村庄去游玩,有的是专门去游乡,有的是去参加龙舟集会,有的是在竞赛前后顺路或绕道去游乡。

2. 龙舟集会

赛龙舟中最普通的活动便是龙舟集会,大体上可以说凡是有赛龙舟的地方就有龙舟集会。在一些比较大的村镇附近,有适合赛龙舟的河流、码头、湖泊,这些地方很容易形成龙舟集会的场所。在无人组织的情况下,虽然龙舟去集会地点竞渡来去自由,但大多数是在竞渡集中的某一段时间内。有的地方集会与当地河水的涨落有关，一般是河水涨到最高峰时便是赛龙舟的高峰期，集会的龙舟也是最多的。

3. 自由竞渡

龙舟的自由竞速，许多地方是两只龙舟比赛，有的数量多少不论，自由组织发起邀请赛。在江西省高安县云阳镇，以前的竞渡没有严格组织。没有任何有关人员和船只的规定。比赛时自由结合，两条船一组从浮桥划到石桥，再回到浮桥，领先为胜。比赛不限定次数，可以自由地和许多船比。

汨罗和绍兴的"并一船"的竞渡，是一种自由组合的竞渡形式，在汨罗，当两船行至并列时，甲方舵手对乙方舵手大喊："并一船？"若乙方愿意便大应一声："来！"然后双方约定终点，便开始竞渡。在绍兴，几条龙舟经常并行到一起便开始竞渡，先约好终点，以锣声为号，先到者为胜。

4. 有组织的龙舟比赛

这里所讲的有组织的龙舟比赛，与现在作为体育活动的比赛不同，它是按传统习惯加以组织的比赛，并非像现在的体育比赛一样在各方面都有严格而详尽的规定。重庆忠州古城，任何一艘龙舟如果认为自己处于劣势，都可以随时掉转船头，重新选择时机，不存在弃权的问题。已经划出的龙舟少了对手，也就得依照不成文的规矩掉转船头，把船划到下游，重新开始。这样几经反复，直到三方都认可了，竞渡才真正开始。整个过程自始至终都没有一个统一的起点。假如某一方始终不能定鼓出发，甚至到了非出发不可的时候还不定鼓，就叫做"输了码头"，这是奇耻大辱，不仅要受到其他码头，也要受到本码头和岸上观众的耻笑，习惯上人们都是宁输名次不输码头的，硬着头皮也要定鼓出发。

在台湾地区，早期的龙舟赛是将划手分为两对，各划一只龙舟（普通龙舟分划手15人至25人），比赛信号发出后，坐在龙头的领队立即打鼓指挥，作为大家划桨的拍子……比赛的胜负，以夺得插在远处河上的一面旗子为凭据。划龙船往往连续数天，甚至于相同的两队划手在不同的水域，再次相遇竞渡夺标。像这样只能说是稍加组织的比赛，不但对船只、人数没有严格规定，甚至连稍稍正式一点的比赛规则也没有。

知识链接

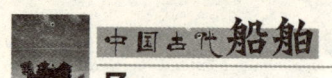

巨型龙舟

有史料可查的巨型龙舟出现于北宋,《东京梦华录》中记载金明池观争标赐宴说:"诸小船竞诣奥层(停巨舟的大棚),牵拽大龙船出。"要用数条小船牵动的龙船很大,"大龙船约长三四十丈。阔三四丈"。按宋镂花铜尺,一尺折合现代 0.316 米,一丈约为 3.16 米,故四十丈足有 126 米长,宽也有十余米,船上还设有层楼、台观、槛曲和皇帝观摩比赛的御座。这种巨舟并不是用做争标的,而是龙舟比赛的指挥船。

我国少数民族的赛龙舟活动

我国是一个多民族的国家,除了汉族外,许多少数民族地区也十分流行赛龙舟活动。少数民族赛龙舟活动的来源大多有一个美丽的故事,如云南傣族的传说,有4个善良的穷人死后分别变成了天王、地王、龙王和虎王。彼礼荣国王的第七个女儿爱上了有法的地王。但国王却看不起地王,一再出难题为难他,在几个兄弟的帮助下,地王成功地克服了一个又一个难关。国王最后使出了狠毒的一招,要地王和 6 位襟兄赛龙舟,暗中布置襟兄们撞翻地王的龙船。结果,地王在龙王的帮助下,反而把 6 位襟兄的船撞翻了。以后农民年年赛龙舟,就是为了表示穷人团结一致反抗压迫之意。

贵州东南民间传说赛龙舟是为纪念一位名叫久保的苗族青年和一个舍生杀毒蛇的老人。云南地区则传说为了纪念英雄岩红窝。可见,各民族划龙舟的风俗多是人民为了表达对爱国者或民族英雄的怀念。

贵州苗族的龙船节在农历五月二十五至二十八日举行,以庆贺插秧结束和预祝五谷丰登。他们的龙舟由 3 条独木船组成,中间较长的一条称"母船",能坐 60 人,船上有鼓手指挥,两边两条船的船身较短,称"子船"。他们在河面中划3条水道，每艘龙舟分别在各条水道划一次，根据3次的平均成绩排列名次，以避免3条水道水流速不同而造成的机会不均，从而保证了名次的公平性。

　　云南傣族的龙舟竞渡不是顺流而下，而是要横过水流速度超过3米/秒的澜沧江，所以云南傣族的龙舟竞渡一般是由5～7人负责把舵的，否则在激流中无法把稳航向。广西壮族自治区的龙舟竞渡以前采取方形闭合航道，走的是横渡、逆流、横渡、顺流的路线，后改在河上绕标几圈，全程有几千米。可喜的是，在广西和贵州铜仁地区，近几年都出现了女子龙舟队，可以说是异军突起，而且苗族人民划龙舟总是热情地邀请附近的汉族和其他民族人民参加，体现了社会主义祖国大家庭的团结统一。

图片授权

全景网

壹图网

中华图片库

林静文化摄影部

敬　启

本书图片的编选，参阅了一些网站和公共图库。由于联系上的困难，我们与部分入选图片的作者未能取得联系，谨致深深的歉意。敬请图片原作者见到本书后，及时与我们联系，以便我们按国家有关规定支付稿酬并赠送样书。

联系邮箱：932389463@qq.com

参考书目

1. 席龙飞．中国造船通史．北京：海洋出版社．2013
2. 王冠倬．中国古船图谱．北京：生活．读书．新知三联书店．2011
3. 赵云旗．中国读本——中国古代交通．北京：中国国际广播出版社．2011
4. 金秋鹏．中国读本——中国古代造船与航海．北京：中国国际广播出版社．2011
5. 辛加和．航海文化．北京：人民交通出版社．2009
6. 杨槱，陈伯真．话说中国帆船．上海：上海科学普及出版社．2007
7. 杨槱．帆船史．上海：上海交通大学出版社．2005
8. 孙光圻．中国古代航海史．北京：海洋出版社．2005
9. 吴春明．环中国海沉船：古代帆船、船技与船货．江西：江西高校出版社．2003
10. 朱惠勇．中国古船与吴越古桥．浙江：浙江大学出版社．2000
11. 张静芬．中国古代的造船与航海．北京：商务印书馆．1997
12. 中国航海学会．中国船舶史．北京：中国交通出版社．1988
13. 张炜．古船．北京：人民文学出版社．1987

中国传统风俗文化丛书

一、古代人物系列（9本）
    1. 中国古代乞丐
    2. 中国古代道士
    3. 中国古代名帝
    4. 中国古代名将
    5. 中国古代名相
    6. 中国古代文人
    7. 中国古代高僧
    8. 中国古代太监
    9. 中国古代侠士

二、古代民俗系列（8本）
    1. 中国古代民俗
    2. 中国古代玩具
    3. 中国古代服饰
    4. 中国古代丧葬
    5. 中国古代节日
    6. 中国古代面具
    7. 中国古代祭祀
    8. 中国古代剪纸

三、古代收藏系列（16本）
    1. 中国古代金银器
    2. 中国古代漆器
    3. 中国古代藏书
    4. 中国古代石雕
    5. 中国古代雕刻
    6. 中国古代书法
    7. 中国古代木雕
    8. 中国古代玉器
    9. 中国古代青铜器
    10. 中国古代瓷器
    11. 中国古代钱币
    12. 中国古代酒具
    13. 中国古代家具
    14. 中国古代陶器
    15. 中国古代年画
    16. 中国古代砖雕

四、古代建筑系列（12本）
    1. 中国古代建筑
    2. 中国古代城墙
    3. 中国古代陵墓
    4. 中国古代砖瓦
    5. 中国古代桥梁
    6. 中国古塔
    7. 中国古镇
    8. 中国古代楼阁
    9. 中国古都
    10. 中国古代长城
    11. 中国古代宫殿
    12. 中国古代寺庙

五、古代科学技术系列（14 本）
1. 中国古代科技
2. 中国古代农业
3. 中国古代水利
4. 中国古代医学
5. 中国古代版画
6. 中国古代养殖
7. 中国古代船舶
8. 中国古代兵器
9. 中国古代纺织与印染
10. 中国古代农具
11. 中国古代园艺
12. 中国古代天文历法
13. 中国古代印刷
14. 中国古代地理

六、古代政治经济制度系列（13 本）
1. 中国古代经济
2. 中国古代科举
3. 中国古代邮驿
4. 中国古代赋税
5. 中国古代关隘
6. 中国古代交通
7. 中国古代商号
8. 中国古代官制
9. 中国古代航海
10. 中国古代贸易
11. 中国古代军队
12. 中国古代法律
13. 中国古代战争

七、古代文化系列（17 本）
1. 中国古代婚姻
2. 中国古代武术
3. 中国古代城市
4. 中国古代教育
5. 中国古代家训
6. 中国古代书院
7. 中国古代典籍
8. 中国古代石窟
9. 中国古代战场
10. 中国古代礼仪
11. 中国古村落
12. 中国古代体育
13. 中国古代姓氏
14. 中国古代文房四宝
15. 中国古代饮食
16. 中国古代娱乐
17. 中国古代兵书

八、古代艺术系列（11 本）
1. 中国古代艺术
2. 中国古代戏曲
3. 中国古代绘画
4. 中国古代音乐
5. 中国古代文学
6. 中国古代乐器
7. 中国古代刺绣
8. 中国古代碑刻
9. 中国古代舞蹈
10. 中国古代篆刻
11. 中国古代杂技